ISABEL FRANKE

Manifestieren Buch

DAS MANIFESTATIONS WORKBOOK

Alle Ratschläge in diesem Buch wurden vom Autor und vom Verlag sorgfältig erwogen und geprüft. Eine Garantie kann dennoch nicht übernommen werden. Eine Haftung des Autors beziehungsweise des Verlags für jegliche Personen-, Sach- und Vermögensschäden ist daher ausgeschlossen.

Email: info@edition-jt.de
www.edition-jt.de

JT Handels UG
Berumer Str. 44
26844 Jemgum

INHALT

Gesetz der Anziehung und die Kraft des positiven Denkens

Das Gesetz der Anziehung zieht sich wie ein unsichtbarer, aber allgegenwärtiger Faden durch das Leben. Es verknüpft Gedanken mit der Realität und basiert auf einer einfachen, aber tiefgründigen Idee: Gleiches zieht Gleiches an. Diese scheinbare Einfachheit birgt jedoch eine Welt voller Tiefe und Nuancen.

Die historischen Wurzeln dieses Gesetzes reichen bis in die antike Philosophie zurück, die ihren Ursprung etwa im 6. Jahrhundert v. Chr. hat. Es scheint, als hätten die Denker der Vergangenheit, insbesondere in der griechischen und römischen Philosophie, die zwischen dem 6. Jahrhundert v. Chr. und dem 6. Jahrhundert n. Chr. blühte, ein verborgenes universelles Prinzip erkannt, das auch heute noch Gültigkeit besitzt. Im Kern besagt das Gesetz der Anziehung, dass Gedanken, bewusst oder unbewusst, die Gestalter der Realität sind. Jeder Gedanke ist wie ein Baustein, der das Gebäude des Lebens formt.

In der Praxis funktioniert es ähnlich wie das Einstellen eines Radiosenders. Gedanken senden eine bestimmte Frequenz aus und das Universum reagiert darauf, indem es Erlebnisse auf dieser Frequenz zurücksendet. Positives zieht Positives an, ähnlich, wie ein Lächeln oft ein weiteres Lächeln hervorruft. Wenn also von Erfolg, Liebe oder Fülle geträumt wird, beginnt die Person, auf dieser Frequenz zu senden. Und das Universum? Es hört zu und reagiert entsprechend.

Dieses uralte Prinzip findet auch in der heutigen Zeit Anklang. In einer Ära, in der Wissenschaft und Spiritualität oft als getrennte Welten betrachtet werden, dient das Gesetz der Anziehung als eine Art Brücke zwischen beiden. Es bestätigt, dass das, was die Vorfahren intuitiv erkannten, heute durch wissenschaftliche Erkenntnisse untermauert wird. Gedanken sind nicht nur vorübergehende Erscheinungen, sondern kraftvolle Instrumente, die die Realität formen.

Das Gesetz der Anziehung kann somit als ein praktisches Werkzeug für das tägliche Leben angesehen werden. Es ermutigt dazu, zum Autor der eigenen Lebensgeschichte zu werden, die Kontrolle zu übernehmen und bewusst den eigenen Weg zu wählen. Indem die Gedanken beherrscht und positiv ausgerichtet werden, öffnet sich die Tür zu einem Universum voller Möglichkeiten, Erfolg und Freude. Es ist, als würde eine Sprache erlernt, die das Universum versteht – eine Sprache der Hoffnung, des Vertrauens und der unbegrenzten Möglichkeiten.

Hinweis: In diesem Buch finden Sie einen QR-Code, der Sie zu Audiodateien führt. Falls Sie keine Möglichkeit haben, den QR-Code zu scannen, können Sie die Datei auch über diesen Link finden:
https://bit.ly/3OvFW7V

DIE REISE DES GESETZES DER ANZIEHUNG DURCH DIE ZEIT

Sich auf die Spuren des Gesetzes der Anziehung zu begeben, gleicht einer Zeitreise durch die Jahrhunderte der menschlichen Gedankenwelt. Dieses Prinzip, das heute in der modernen Spiritualität und im Selbsthilfebereich so präsent ist, hat seine Wurzeln tief in der Geschichte der Philosophie und des menschlichen Denkens.

Bereits in der Antike finden sich Anklänge dieses Prinzips. Die Philosophen der griechischen und römischen Welt, wie beispielsweise Platon und später auch die Stoiker, sprachen von der Harmonie des Universums und der Bedeutung der Gedanken für die Gestaltung des persönlichen Schicksals. Sie erkannten, dass die Welt um uns herum ein Spiegelbild unserer inneren Zustände ist. Diese Ideen wurden zwar nicht exakt so formuliert wie das moderne Gesetz der Anziehung, aber sie legten den Grundstein für das Verständnis der Macht der Gedanken.

Im Mittelalter und in der Renaissance wurden diese Ideen weiterentwickelt, oft vermischt mit religiösen und mystischen Überzeugungen. Große Denker wie Paracelsus (1493–1541) und später William Blake (1757–1827) sprachen von der Macht der Imagination und der Fähigkeit des menschlichen Geistes, die materielle Welt zu beeinflussen. Sie sahen den Menschen nicht als passiven Beobachter, sondern als aktiven Gestalter seiner Realität.

Mit dem Aufkommen der Aufklärung und der wissenschaftlichen Revolution begannen diese Ideen, eine neue Form anzunehmen. Die Betonung lag nun mehr auf der Vernunft und der Beobachtung, aber das Interesse an der Macht des Geistes blieb bestehen. Im 19. und frühen 20. Jahrhundert, mit dem Aufstieg der New-Thought-Bewegung, wurde das Gesetz der Anziehung, wie wir es heute kennen, geboren. Autoren wie Wallace D. Wattles (1860–1911) und später Napoleon Hill (1883–1970) sprachen explizit von der Macht der Gedanken, um Reichtum und Erfolg anzuziehen.

In der heutigen Zeit hat das Gesetz der Anziehung eine breite Akzeptanz und Popularität erreicht, insbesondere durch Werke wie „The Secret" von Rhonda Byrne. Diese moderne Interpretation betont die Macht der Positivität und der Visualisierung, um persönliche Ziele zu erreichen. Es ist eine Synthese aus alten philosophischen Ideen und modernen psychologischen Erkenntnissen, die zusammen ein kraftvolles Werkzeug für persönliches Wachstum und Erfüllung bilden.

So zeigt sich, dass das Gesetz der Anziehung nicht nur ein flüchtiger Trend der modernen Selbsthilfeliteratur ist, sondern ein Prinzip, das tief in der menschlichen Geschichte verwurzelt ist. Es ist ein Zeugnis dafür, wie alte Weisheiten und moderne Erkenntnisse zusammenkommen können, um uns Werkzeuge an die Hand zu geben, mit denen wir unser Leben bewusst gestalten können.

FUNKTIONSWEISE DES GESETZES DER ANZIEHUNG

Das Gesetz der Anziehung zu verstehen, gleicht dem Erlernen einer neuen Sprache – einer Sprache, auf die das Universum reagiert. Alles beginnt mit den Gedanken, sowohl den bewussten als auch den unbewussten, die in den Tiefen des Geistes verankert sind. Diese Gedanken sind die Samen, aus denen sich die Realität entwickelt. Sie sind wie kleine Funken, die das Feuer der Erfahrungen entfachen, welche das Leben prägen.

Stellen Sie sich vor, jeder Gedanke ist wie eine Welle, die sich durch den Ozean des Bewusstseins bewegt. Diese Wellen beeinflussen nicht nur die eigenen Gefühle, sondern auch die Handlungen. Ein positiver Gedanke kann ein Gefühl der Freude hervorrufen, das wiederum zu Handlungen führt, die weitere positive Erfahrungen anziehen. Ein negativer Gedanke hingegen kann zu Gefühlen der Angst oder Unsicherheit führen, die Handlungen nach sich ziehen, die diese negativen Erfahrungen verstärken. Es ist ein sich selbst verstärkender Kreislauf, der die wahrgenommene Realität formt.

Nehmen Sie zum Beispiel Eltern, die sich Sorgen um die Zukunft ihrer Kinder machen. Diese Sorgen sind Gedanken, die Gefühle der Angst und Unsicherheit hervorrufen. Sie können dazu führen, dass die Eltern übermäßig beschützend handeln, was wiederum die Entwicklung der Selbstständigkeit ihrer Kinder beeinträchtigen könnte. Hier zeigt sich, wie Gedanken und Gefühle die Realität formen und beeinflussen.

Die Frage, wie genau Gedanken die Realität beeinflussen, lässt sich durch die Betrachtung der unterschiedlichen Arten von Gedanken beantworten. Bewusste Gedanken sind diejenigen, die aktiv und gezielt gefasst werden. Sie umfassen Entscheidungen, Hoffnungen und Ziele, die eine Person bewusst verfolgt und die die Richtung ihres Handelns bestimmen. Unbewusste Gedanken hingegen wirken im Hintergrund und sind oft nicht direkt wahrnehmbar. Sie bestehen aus tief verwurzelten Überzeugungen und Einstellungen, die das Verhalten und die Reaktionen einer Person subtil beeinflussen, ohne dass sie sich dessen immer bewusst ist.

Das Gesetz der Anziehung lehrt, dass durch die bewusste Steuerung der Gedanken – sowohl der bewussten als auch der unbewussten – die Realität geformt werden kann. Es geht darum, die Gedanken so auszurichten, dass sie positive Gefühle und Handlungen hervorrufen, die wiederum positive Erfahrungen anziehen. Es ist wie das Einstellen eines Radios auf die gewünschte Frequenz. Wenn die Gedanken auf Erfolg, Liebe und Fülle ausgerichtet sind, beginnt das Universum, auf dieser Frequenz zu antworten.

In der Praxis bedeutet dies, sich der eigenen Gedanken bewusst zu werden und sie aktiv zu gestalten. Es bedeutet, negative Gedankenmuster zu erkennen und durch positive zu ersetzen. Es ist ein Prozess des Lernens und Wachsens, bei dem gelernt wird, die Sprache des Universums zu sprechen – eine Sprache der Hoffnung, des Vertrauens und der unbegrenzten Möglichkeiten.

WISSENSCHAFT TRIFFT SPIRITUALITÄT

In der spannenden Welt, in der Wissenschaft und Spiritualität aufeinandertreffen, bieten neurowissenschaftliche Erkenntnisse eine Brücke, die zeigt, wie tiefgreifend Gedanken das menschliche Gehirn und somit das gesamte Leben beeinflussen. Die Neurowissenschaft hat in den letzten Jahrzehnten bahnbrechende Entdeckungen gemacht, insbesondere im Bereich der Neuroplastizität, die unser Verständnis davon, wie das Gehirn funktioniert und wie es sich im Laufe des Lebens verändert, revolutioniert hat.

Neuroplastizität, einst ein umstrittenes Konzept, ist heute allgemein anerkannt und beschreibt die Fähigkeit des Gehirns, sich kontinuierlich zu verändern und anzupassen. Diese Anpassungsfähigkeit ist nicht nur auf die frühen Lebensjahre beschränkt, sondern setzt sich über das gesamte Leben fort. Forschungen zeigen, dass Gedanken – die ständigen Begleiter im Strom des Bewusstseins – tatsächlich physische Pfade im Gehirn formen können. Jeder Gedanke, jede Überlegung, jede Tagträumerei hinterlässt eine Spur in diesem unglaublich komplexen Organ.

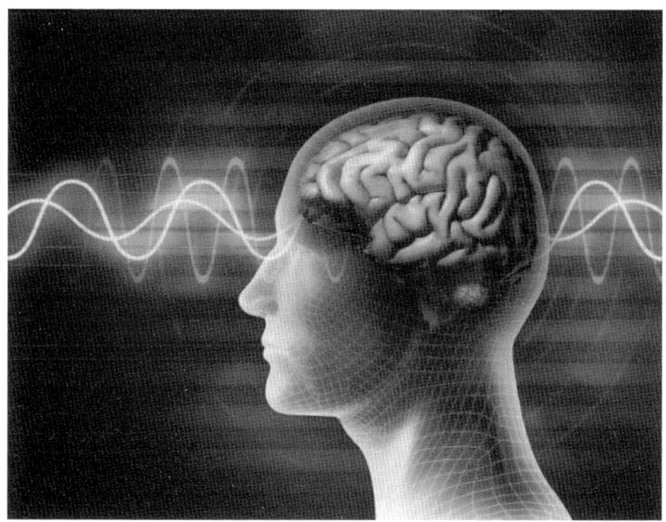

Stellen Sie sich das Gehirn wie einen Garten vor, in dem Gedanken die Samen sind. Jeder Gedanke, der gepflanzt wird, kann wachsen und gedeihen, wodurch neue neuronale Pfade entstehen. Diese Pfade werden umso stärker und ausgeprägter, je öfter sie durch wiederholte Gedanken und Überzeugungen genutzt werden. Positive Gedanken können somit zu einem üppigen, blühenden Garten führen, während negative Gedanken ein verwildertes, vernachlässigtes Terrain erzeugen.

Diese neuronalen Pfade beeinflussen nicht nur, wie das Gehirn Informationen verarbeitet, sondern auch, wie Wahrnehmungen und Verhaltensweisen geformt werden. Wenn Eltern beispielsweise ständig positive und ermutigende Gedanken hegen, können sie eine Umgebung schaffen, die das Wachstum und die Entwicklung ihrer Kinder fördert. Ihre Gedanken beeinflussen ihre Wahrnehmung und ihr Verhalten gegenüber ihren Kindern, was wiederum die Art und Weise beeinflusst, wie ihre Kinder die Welt sehen und erleben.

Diese Erkenntnisse bieten eine wissenschaftliche Grundlage für viele spirituelle Praktiken, die seit Jahrhunderten die Macht der Gedanken betonen. Meditation, Achtsamkeit und positive Affirmationen sind praktische Methoden, um das Gehirn zu trainieren und zu formen. Diese werden Sie im weiteren Verlauf des Ratgebers noch näher kennenlernen. Sie ermöglichen es, bewusst neue, positive neuronale

Pfade zu schaffen und damit die eigene Wahrnehmung und das Verhalten zu verändern. Im weiteren Verlauf dieses Ratgebers werden diese Methoden ausführlich vorgestellt und erläutert, um Ihnen zu helfen, sie effektiv in Ihr Leben zu integrieren.

POSITIVE GEDANKEN, REALE VERÄNDERUNGEN

Positive Gedanken führen zu realen Veränderungen. Die Umwandlung von positivem Denken in praktische Ergebnisse ist ein Prozess, der eine positive Einstellung in konkrete Handlungen umsetzt, die das Leben nachhaltig verändern können. Stellen Sie sich vor, wie ein Gedanke an Erfolg nicht nur als vage Hoffnung im Geist verweilt, sondern sich in tägliche Routinen und zielgerichtete Aktionen verwandelt. Dies könnte bedeuten, dass Sie jeden Morgen mit einer klaren Vision für den Tag aufwachen oder dass Sie bewusst Schritte unternehmen, um persönliche und berufliche Ziele zu erreichen. Eine innere Landkarte wird gezeichnet, auf der jeder positive Gedanke zu einem Wegweiser wird, der in Richtung Erfolg, Glück und Erfüllung weist.

Positives Denken hilft nicht nur, Herausforderungen zu meistern, sondern auch, aus Rückschlägen zu lernen und gestärkt hervorzugehen. Resilienz, die Fähigkeit, sich von Schwierigkeiten zu erholen, ist eng mit einer positiven Einstellung verknüpft. Eine Person, die positiv denkt, sieht in jedem Problem eine Gelegenheit zum Wachstum und lernt, flexibel auf Veränderungen zu reagieren. Dies könnte sich in der Art und Weise zeigen, wie Eltern mit den täglichen Herausforderungen der Erziehung umgehen, indem sie Schwierigkeiten als Chance zur Entwicklung neuer Fähigkeiten und zur Stärkung der Familienbande betrachten.

Exkurs: Positives Mindset

Ein positives Mindset ist eine Geisteshaltung, die durch Optimismus, Hoffnung und eine positive Sichtweise auf das Leben und seine Herausforderungen gekennzeichnet ist. Es geht dabei nicht darum, die Realität zu ignorieren oder Probleme zu leugnen, sondern vielmehr darum, sich auf die positiven Aspekte und Möglichkeiten zu konzentrieren, die jede Situation bietet. Ein positives Mindset ist die Fähigkeit, in jeder Lage das Beste zu sehen und sich auf Lösungen statt auf Probleme zu fokussieren.

Ein positives Mindset kann durch bewusste Praxis und Anstrengung entwickelt werden. Techniken wie positive Affirmationen, Achtsamkeit, Dankbarkeitsübungen und die bewusste Umgestaltung negativer Gedankenmuster sind effektive Wege, um ein positives Mindset zu kultivieren. Diese Methoden helfen, die Aufmerksamkeit auf positive Aspekte und Chancen zu lenken und eine optimistischere und hoffnungsvollere Sichtweise zu entwickeln.

Ein anhaltend positives Mindset führt langfristig zu bedeutenden Veränderungen in allen Lebensbereichen. In Beziehungen unterstützt es Empathie, Verständnis und tiefe Verbundenheit. Im Berufsleben kann ein positives Mindset zu größerem Erfolg beitragen, indem es Innovation, Engagement und eine positive Arbeitsatmosphäre fördert. Auch das allgemeine Wohlbefinden verbessert sich deutlich durch ein positives Mindset. Es ermöglicht eine klarere Sicht auf die Welt und hilft, die eigene Rolle und die Möglichkeiten darin besser zu verstehen.

So lässt sich sagen, dass positives Denken eine starke Kraft ist, die das Leben in all seinen Aspekten transformieren kann. Positives Denken öffnet die Tür zu einem erfüllten, glücklichen und erfolgreichen Leben. Die tägliche Anwendung dieses Ansatzes eröffnet eine Welt voller Möglichkeiten und positiver Erfahrungen.

Grundlagen der Manifestation

Energie durchdringt alles im Universum und ist ständig in Bewegung. Die Art, wie diese Energie genutzt und gelenkt wird, hat direkte Auswirkungen auf die persönliche Realität. Jeder Gedanke und jedes Gefühl senden eine spezifische Energie aus, die die Art der Erfahrungen beeinflusst, die im Leben gemacht werden. Ein positiver Gedanke kann beispielsweise eine Energie der Hoffnung und des Optimismus aussenden, die positive Ereignisse anzieht, während negative Gedanken das Gegenteil bewirken können.

Die Energie, die Sie aussenden, spiegelt Ihre inneren Überzeugungen und Einstellungen wider. Stellen Sie sich vor, Sie haben die tiefe Überzeugung, dass Sie Erfolg verdienen und auch erreichen können. Diese Überzeugung strahlt eine Energie der Zuversicht aus. Diese positive Energie wirkt wie ein Magnet, der günstige Umstände und Gelegenheiten anzieht. Sie könnten beispielsweise feststellen, dass Sie bei der Arbeit mehr Anerkennung erhalten oder dass sich neue berufliche Möglichkeiten eröffnen, die perfekt zu Ihren Fähigkeiten und Interessen passen.

Auf der anderen Seite kann eine innere Haltung, die von Zweifeln und Unsicherheit geprägt ist, eine ganz andere Art von Energie erzeugen. Eine solche Einstellung sendet eine Energie der Zurückhaltung aus, die weniger vorteilhafte Situationen anzieht. Vielleicht bemerken Sie, dass Sie zögern, neue Herausforderungen anzunehmen, oder dass Sie bei wichtigen Entscheidungen unsicher sind. Diese Unsicherheit kann dazu führen, dass Sie Chancen verpassen oder in Situationen geraten, die nicht Ihren wahren Wünschen und Zielen entsprechen.

Ihre innere Einstellung bestimmt also maßgeblich, welche Art von Energie Sie aussenden und welche Erfahrungen Sie in Ihrem Leben anziehen. Es ist, als würden Sie mit Ihren Gedanken und Gefühlen die Weichen für Ihren Lebensweg stellen. Wenn Sie lernen, Ihre Gedanken und Gefühle positiv zu gestalten, können Sie aktiv dazu beitragen, ein Leben zu erschaffen, das Ihren wahren Wünschen und Zielen entspricht. Es geht darum, sich bewusst zu werden, welche Gedanken und Gefühle Sie hegen und wie diese Ihre Realität beeinflussen.

Die Auswirkungen dieser Energieprinzipien auf die Realität sind vielfältig und tiefgreifend. Sie zeigen sich in den Beziehungen, die gepflegt werden, den Chancen, die sich bieten, und den Herausforderungen, die bewältigt werden müssen. Durch das bewusste Lenken und Halten der Energie in einer positiven Ausrichtung öffnet sich ein Weg zu einem Leben, das reich an Möglichkeiten, Erfüllung und Freude ist. Das Erlernen, die eigene Energie bewusst zu steuern, ist ein wesentlicher Schritt, um die gewünschten Veränderungen im Leben herbeizuführen und zu einem erfüllteren Dasein zu gelangen.

Die folgende Zusammenfassung bietet einen Überblick über die Grundprinzipien der Energie in der Manifestation und darüber, wie sie die Realität beeinflussen:

- **Universelle Durchdringung der Energie**

o Energie durchdringt alles im Universum.

o Sie ist ständig in Bewegung und Veränderung.

- **Einfluss der Energie auf die Realität**

o Die Nutzung und Lenkung der Energie beeinflussen die persönliche Realität.

o Jeder Gedanke und jedes Gefühl senden eine spezifische Energie aus.

- **Positive und negative Energie**

o Positive Gedanken senden Energie der Hoffnung und des Optimismus aus.

o Negative Gedanken erzeugen Energie der Zurückhaltung und des Pessimismus.

- **Spiegelung innerer Überzeugungen und Einstellungen**

o Die ausgesendete Energie reflektiert innere Überzeugungen und Einstellungen.

o Starke Überzeugungen erzeugen starke energetische Ausstrahlungen.

- **Anziehung von Erfahrungen durch Energie**

o Positive Energie zieht günstige Umstände und Gelegenheiten an.

o Negative Energie kann zu weniger vorteilhaften Situationen führen.

- **Bewusste Gestaltung von Gedanken und Gefühlen**

o Bewusstsein und Kontrolle über Gedanken und Gefühle sind entscheidend.

o Positives Denken und Fühlen öffnen Wege zu einem erfüllten Leben.

- **Auswirkungen auf verschiedene Lebensbereiche**

o Die Energieprinzipien beeinflussen Beziehungen, Chancen und Herausforderungen.

o Bewusstes Energiemanagement führt zu einem reicheren und erfüllteren Leben.

Es ist also wesentlich, sich der eigenen emotionalen und gedanklichen Zustände bewusst zu sein und aktiv daran zu arbeiten, diese in einen positiven Bereich zu lenken. Hierbei kann die 90-Tage-Challenge eine wertvolle Unterstützung bieten. Diese Herausforderung ist darauf ausgerichtet, Ihnen tägliche Übungen und Routinen an die Hand zu geben, die Ihnen helfen, Ihre Gedanken und Gefühle bewusst zu steuern. Während der Challenge lernen Sie, negative Emotionen oder Gedanken, die ein natürlicher Teil des menschlichen Erlebens sind, zu erkennen und anzunehmen. Gleichzeitig finden Sie durch die täglichen Praktiken der Challenge bewusste Wege, um wieder in einen Zustand höherer Schwingungsfrequenzen zurückzukehren. Dies kann durch

Meditation, Achtsamkeitsübungen oder das Führen eines Dankbarkeitstagebuchs erreicht werden, die alle Teil der 90-Tage-Challenge sind.

Nun lassen Sie uns das Konzept der Schwingungsfrequenzen anhand eines praktischen Beispiels veranschaulichen:

Beispiel:

Anna arbeitet in einem anspruchsvollen Beruf, der ihr zwar Freude bereitet, aber auch oft stressig ist. Sie beginnt ihre Tage oft gehetzt und besorgt über die anstehenden Aufgaben. Diese morgendliche Routine sendet Schwingungen der Sorge und des Stresses aus, was dazu führt, dass Anna im Laufe des Tages auf Hindernisse und Frustrationen trifft. Ihre Interaktionen mit Kollegen sind angespannt und sie findet selten Zeit für eine Pause oder einen Moment der Ruhe.

Eines Tages entscheidet Anna, dass sie etwas ändern möchte. Sie beginnt, ihre Morgenroutine zu verändern, indem sie sich Zeit nimmt für eine kurze Meditation und das Aufschreiben von Dingen, für die sie dankbar ist. Diese neue Routine hilft ihr, den Tag mit einer positiveren Einstellung zu beginnen. Die Schwingungen, die sie nun aussendet, sind von Dankbarkeit und Ruhe geprägt. Dies führt zu einer spürbaren Veränderung in ihrem Alltag. Ihre Interaktionen mit Kollegen werden harmonischer und sie findet sogar in stressigen Situationen Momente der Gelassenheit. Anna bemerkt, dass sie effektiver arbeitet und sich am Ende des Tages erfüllter fühlt.

Dieses Beispiel zeigt, wie die bewusste Veränderung der eigenen Schwingungsfrequenzen durch einfache Änderungen im Alltag zu einer positiven Transformation führen kann. Anna hat gelernt, dass sie, allein durch die Anpassung ihrer morgendlichen Routine, ihre gesamte Tageserfahrung beeinflussen kann. Sie hat erfahren, dass die Energie, die sie aussendet, direkt ihre Realität beeinflusst. Dieses Beispiel soll Sie inspirieren, über Ihre eigenen Routinen und Gewohnheiten nachzudenken und darüber, wie diese Ihre täglichen Schwingungsfrequenzen und somit Ihre Lebenserfahrungen beeinflussen.

DIE BEDEUTUNG VON POSITIVEN AFFIRMATIONEN UND GLAUBENSSÄTZEN

Affirmationen sind positive, selbstbestärkende Aussagen, die darauf abzielen, das eigene Denken und Handeln bewusst zu beeinflussen. Sie spielen eine wichtige Rolle in der persönlichen Entwicklung und im Bereich der Positiven Psychologie. Der grundlegende Gedanke hinter Affirmationen ist, dass Worte und Gedanken eine starke Wirkung auf unser Unterbewusstsein ausüben und dadurch unsere Einstellungen, Überzeugungen und schlussendlich unser Verhalten prägen können.

Eine Affirmation ist typischerweise eine kurze, prägnante Aussage, die in der Gegenwartsform formuliert wird und eine positive Botschaft enthält. Beispiele für Affirmationen sind Sätze wie die folgenden:

- „Ich bin fähig und stark."
- „Ich verdiene Glück und Erfolg."
- „Ich bin offen für positive Veränderungen in meinem Leben."

Durch die regelmäßige Wiederholung dieser positiven Aussagen können Menschen ihre Denkmuster verändern und ein stärkeres Selbstbewusstsein sowie ein positiveres Selbstbild entwickeln.

Der Prozess der Affirmationen gründet auf der Überzeugung, dass regelmäßige Gedanken und Aussagen die eigene Realität gestalten. Durch die bewusste Konzentration auf positive und ermächtigende Gedanken ist es möglich, negative Glaubenssätze und Selbstzweifel zu überwinden. Affirmationen entfalten ihre volle Wirksamkeit, wenn sie mit Überzeugung und Gefühl ausgesprochen werden und fester Bestandteil einer täglichen Routine sind.

Die Beeinflussung des Unterbewusstseins durch positive Affirmationen ist ein aktiver und praktischer Prozess. Das Unterbewusstsein kann als ein Bereich betrachtet werden, in dem Gedanken und Überzeugungen entwickelt und gefestigt werden. Jede Affirmation, die ausgesprochen oder gedacht wird, trägt zur Entwicklung und Stärkung dieser Gedanken und Überzeugungen bei. Regelmäßig wiederholte positive Aussagen unterstützen das Wachstum und die Festigung positiver Gedankenmuster, während sie gleichzeitig dazu beitragen, negative Glaubensmuster zu reduzieren oder zu eliminieren.

Ihr Unterbewusstsein ist maßgeblich an der Verarbeitung von Informationen beteiligt, einschließlich jener, die über Ihr aktives Bewusstsein hinausgehen. Es steuert viele Ihrer Gedanken und Handlungen, oft ohne dass Sie sich dessen bewusst sind. Durch die regelmäßige Anwendung von positiven Affirmationen beginnen Sie, die Funktionsweise Ihres Unterbewusstseins zu verändern. Statt sich von negativen, selbstlimitierenden Überzeugungen leiten zu lassen, pflanzen Sie neue, positive und ermächtigende Glaubenssätze in Ihrem Geist. Dieser Prozess erfordert Zeit, Beständigkeit und Geduld. Jede Wiederholung einer positiven Affirmation trägt dazu bei, die alten, negativen Muster zu überschreiben und neue, positive Pfade in Ihrem Unterbewusstsein zu etablieren.

Denken Sie daran, dass die Veränderung tief verwurzelter Überzeugungen kontinuierliche Anstrengung und Übung erfordert. Sie müssen Ihre positiven Affirmationen regelmäßig wiederholen, um ihre volle Wirkung zu entfalten. Mit der Zeit werden Sie bemerken, dass Ihre Gedanken und Handlungen sich zunehmend an diesen neuen, positiven Glaubenssätzen ausrichten. Dies führt zu einer positiven Veränderung in Ihrem Denken und Handeln, die Ihr Leben auf vielfältige Weise bereichert und verbessert.

Die regelmäßige Anwendung von Affirmationen initiiert eine schrittweise Transformation in Ihrem Denken und Handeln. Sie beginnen, die Welt und sich selbst durch eine positivere Brille zu betrachten. Ihre Entscheidungen und Reaktionen auf die Herausforderungen des Alltags werden zunehmend von dieser neuen Perspektive beeinflusst. Diese Veränderung ist vergleichbar mit dem Erlernen einer neuen Sprache – der Sprache des positiven Denkens und Fühlens. Diese Sprache eröffnet Ihnen neue Wege, Ihr Leben zu gestalten und zu erleben.

SO ENTWICKELN SIE UNTERSTÜTZENDE GLAUBENSSÄTZE

Definition: Glaubenssätze

Glaubenssätze sind die tief verwurzelten Überzeugungen, die unser Denken, Fühlen und Handeln maßgeblich beeinflussen. Sie bilden sich oft in der frühen Kindheit und werden durch Erfahrungen, Erziehung und soziale Interaktionen geprägt. Glaubenssätze können sowohl positiv als auch negativ sein und wirken sich auf unsere Wahrnehmung der Welt und unser Selbstbild aus. Sie sind wie Filter, durch die wir unsere Realität interpretieren und auf denen unsere Entscheidungen und Reaktionen basieren. Positive Glaubenssätze, wie das Gefühl der Selbstwirksamkeit oder des Vertrauens in die eigenen Fähigkeiten, fördern Selbstvertrauen und Resilienz. Negative Glaubenssätze hingegen, wie das Gefühl der Unzulänglichkeit oder Angst vor Misserfolg, können zu Selbstzweifeln und Einschränkungen im Leben führen. Glaubenssätze sind oft unbewusst und können tief in unserem Unterbewusstsein verankert sein, was ihre Veränderung herausfordernd machen kann.

Die Entwicklung unterstützender Glaubenssätze ist ein Prozess, der Ihr Leben grundlegend verändern kann. Beginnen Sie damit, Ihre aktuellen Glaubenssätze zu überdenken. Fragen Sie sich: Welche Überzeugungen habe ich über mich selbst, meine Fähigkeiten und meine Möglichkeiten? Oft sind es negative Glaubenssätze, die uns unbewusst zurückhalten, wie zum Beispiel „Ich bin nicht gut genug" oder „Ich kann das nicht". Diese Glaubenssätze sind wie unsichtbare Barrieren, die Sie daran hindern, Ihr volles Potenzial zu entfalten. Der erste Schritt besteht darin, diese limitierenden Überzeugungen zu erkennen und anzuerkennen. Schreiben Sie sie auf, um sich ihrer bewusst zu werden.

Nachdem Sie Ihre limitierenden Glaubenssätze identifiziert haben, beginnen Sie, sie durch positive, unterstützende Glaubenssätze zu ersetzen. Dieser Schritt erfordert Kreativität und Offenheit. Für jeden negativen Glaubenssatz, den Sie identifiziert haben, formulieren Sie einen positiven Gegenpart. Wenn Ihr Glaubenssatz beispielsweise „Ich bin nicht erfolgreich" lautet, wandeln Sie ihn um in: „Ich habe das Potenzial, erfolgreich zu sein." Diese neuen Glaubenssätze sollten positiv, in der Gegenwart formuliert und glaubwürdig sein. Sie sollten sich mit diesen neuen Überzeugungen identifizieren können. Wiederholen Sie diese neuen Glaubenssätze täglich, am besten morgens nach dem Aufwachen und abends vor dem Schlafengehen.

Die folgende Anleitung wird Ihnen helfen, die neuen Glaubenssätze nicht nur zu formulieren, sondern sie auch tief in Ihrem Unterbewusstsein zu verankern, sodass sie zu einem festen Bestandteil Ihres Denkens und Handelns werden.

Anleitung: Entwicklung unterstützender Glaubenssätze

- **Reflektieren und identifizieren Sie negative Glaubenssätze**

  o Nehmen Sie sich bewusst Zeit, um über Ihre aktuellen Glaubenssätze nachzudenken.

  o Finden Sie negative oder limitierende Überzeugungen über sich selbst, Ihre Fähigkeiten oder Ihre Möglichkeiten.

  o Schreiben Sie diese Glaubenssätze auf, um ein klares Bild von den zu verändernden Überzeugungen zu erhalten.

- **Formulieren Sie positive Gegenparts**

  o Ersetzen Sie jeden negativen Glaubenssatz durch einen positiven, unterstützenden Glaubenssatz.

  o Achten Sie darauf, dass diese neuen Glaubenssätze positiv, in der Gegenwart formuliert und realistisch sind.

  o Beispiel: Ändern Sie „Ich bin nicht erfolgreich" zu „Ich habe das Potenzial, erfolgreich zu sein".

- **Wiederholen Sie die neuen Glaubenssätze täglich**

o Wiederholen Sie Ihre neuen, positiven Glaubenssätze jeden Tag, idealerweise morgens und abends.

o Nutzen Sie ruhige Momente, um die Worte zu verinnerlichen und sich auf sie zu konzentrieren.

- **Visualisieren und verstärken Sie emotional**

o Stellen Sie sich vor, wie Sie diese neuen Glaubenssätze leben und wie Sie sich dabei fühlen und handeln würden.

o Verknüpfen Sie positive Emotionen mit Ihren Affirmationen, um ihre Wirkung zu erhöhen.

- **Überprüfen und passen Sie regelmäßig an**

o Überwachen Sie Ihre Fortschritte und passen Sie Ihre Glaubenssätze bei Bedarf an.

o Seien Sie bereit, Ihre Affirmationen zu verfeinern, um sie noch besser auf Ihre Ziele und Wünsche abzustimmen.

- **Integrieren Sie sie in Ihren Alltag**

o Suchen Sie nach Möglichkeiten, Ihre neuen Glaubenssätze in Ihren täglichen Routinen und Entscheidungen zu verankern.

o Nutzen Sie jede Gelegenheit, um Ihre neuen Überzeugungen durch konkretes Handeln zu stärken.

INTEGRATION VON AFFIRMATIONEN IN DEN TÄGLICHEN DENKPROZESS

Die Integration von Affirmationen in den täglichen Denkprozess ist ein entscheidender Schritt, um eine dauerhafte positive Veränderung in Ihrem Leben zu bewirken. Beginnen Sie damit, Ihre Affirmationen in Ihre Morgenroutine einzubauen. Der Morgen ist ein besonders kraftvoller Zeitpunkt, da Ihr Geist nach dem Aufwachen noch empfänglich und offen für neue Gedankenmuster ist. Nutzen Sie diese Zeit, um Ihre Affirmationen laut auszusprechen oder still für sich zu wiederholen. Wählen Sie Affirmationen, die Ihre Ziele und Wünsche widerspiegeln, und sprechen Sie sie mit Überzeugung und Glauben an ihre Wirkung aus. Es geht nicht nur darum, die Worte zu wiederholen, sondern auch darum, die damit verbundenen positiven Gefühle zu erleben. Stellen Sie sich vor, wie es sich anfühlt, wenn die in den Affirmationen ausgedrückten Zustände bereits Realität sind. Diese emotionale Verbindung verstärkt die Wirkung der Affirmationen und hilft Ihrem Unterbewusstsein, die neuen Glaubenssätze schneller zu verinnerlichen.

Ein weiterer wichtiger Aspekt ist die Integration der Affirmationen in Ihren Alltag. Nutzen Sie jede Gelegenheit, um Ihre Affirmationen zu wiederholen, sei es während der Fahrt zur Arbeit, bei der Verrichtung alltäglicher Aufgaben oder in Momenten der Ruhe. Sie können auch kreative Methoden anwenden, wie das Schreiben Ihrer Affirmationen auf Post-its und das Anbringen dieser Notizen an Orten, die Sie regelmäßig sehen, wie am Badezimmerspiegel, am Kühlschrank oder am Computerbildschirm. Diese ständige visuelle Erinnerung hilft Ihnen, Ihre Gedanken auf Ihre Ziele auszurichten und die positiven Glaubenssätze in Ihrem Bewusstsein zu verankern. Darüber hinaus können Sie Affirmationen auch in Ihr Abendritual integrieren, indem Sie vor dem Schlafengehen einige Minuten damit verbringen, Ihre Affirmationen zu wiederholen. Dies fördert eine positive Geisteshaltung, die Sie in den Schlaf begleitet und dazu beiträgt, dass diese positiven Gedanken über Nacht in Ihrem Unterbewusstsein weiterwirken.

Seien Sie geduldig und nachsichtig mit sich selbst. Die Integration von Affirmationen in den täglichen Denkprozess erfordert Zeit und Übung. Es ist normal, dass alte Gedankenmuster und Zweifel manchmal wieder auftauchen. In solchen Momenten ist es hilfreich, sich bewusst zu machen, dass jeder Schritt, den Sie unternehmen, um Ihre Affirmationen zu praktizieren, ein Schritt in Richtung eines positiveren und erfüllteren Lebens ist. Seien Sie stolz auf sich für jeden Fortschritt, den Sie machen, und erinnern Sie sich daran, dass jede Wiederholung Ihrer Affirmationen Sie Ihrem Ziel näherbringt. Mit Beständigkeit und Hingabe werden Sie feststellen, dass sich Ihre Gedanken und Ihr Leben zunehmend zum Positiven verändern.

DIE ROLLE DER ACHTSAMKEIT BEI DER MANIFESTATION

Achtsamkeit ist eine Praxis, die tief in der menschlichen Fähigkeit verwurzelt ist, vollständig im gegenwärtigen Moment präsent zu sein. Es geht darum, eine bewusste Aufmerksamkeit auf die eigenen Gedanken, Gefühle und die unmittelbare Umgebung zu richten, ohne diese zu bewerten oder zu beurteilen. Diese Art der Aufmerksamkeit ermöglicht es Ihnen, Ihre Gedanken und Emotionen aus einer objektiveren Perspektive zu betrachten. Stellen Sie sich vor, Sie beobachten Ihre Gedanken wie Wolken am Himmel – sie kommen und gehen, aber Sie sind nicht diese Wolken; Sie sind der Himmel, der sie beobachtet. Diese Praxis der Achtsamkeit führt zu einer größeren Klarheit im Geist, da sie hilft, sich von der Identifikation mit flüchtigen Gedanken und Emotionen zu lösen. Diese Klarheit ist entscheidend für die Manifestation, da sie es ermöglicht, bewusstere Entscheidungen darüber zu treffen, welche Gedanken und Gefühle Sie nähren und verstärken möchten.

Die Wirkung der Achtsamkeit auf das Bewusstsein ist tiefgreifend. Durch regelmäßige Achtsamkeitspraxis entwickeln Sie ein erhöhtes Bewusstsein für Ihre inneren Muster und Automatismen. Dieses Bewusstsein ist der Schlüssel zur Veränderung. Erst wenn Sie sich Ihrer gewohnheitsmäßigen Gedanken und Reaktionen bewusstwerden, erhalten Sie die Möglichkeit, diese auch zu verändern. Anstatt automatisch auf alte, möglicherweise selbstlimitierende Weise zu reagieren, können Sie bewusst wählen, wie Sie auf Situationen und Herausforderungen reagieren möchten. Diese Fähigkeit – bewusst zu wählen – ist das Herzstück der Manifestation. Sie ermöglicht es Ihnen, aktiv die Realität zu gestalten, die Sie erleben möchten, anstatt passiv von unbewussten Mustern und Reaktionen gesteuert zu werden.

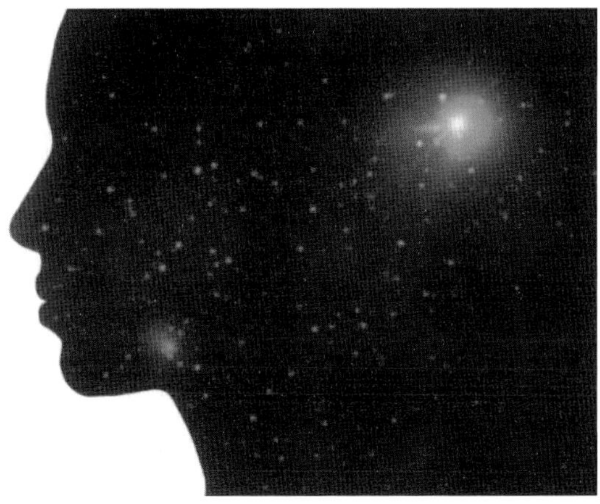

Die Verbindung zwischen Achtsamkeit und positiver Affirmation ist ein Schlüsselelement auf dem Weg zu erfolgreicher Manifestation. Achtsamkeit ermöglicht es Ihnen, ein tieferes Bewusstsein für Ihre inneren Dialoge zu entwickeln. Dieses Bewusstsein ist entscheidend, um zu erkennen, welche Gedanken und Überzeugungen Sie täglich begleiten. Oft sind es unbewusste, automatische Gedanken, die Ihre Stimmung und Ihre Entscheidungen beeinflussen. Durch Achtsamkeit lernen Sie, diese Gedanken zu beobachten, ohne sich sofort mit ihnen zu identifizieren. Sie erkennen, dass Gedanken nur Gedanken sind – nicht unbedingt Realität. Diese Erkenntnis gibt Ihnen die Macht, bewusst zu entscheiden, welche Gedanken Sie nähren möchten. Hier kommen positive Affirmationen ins Spiel. Wenn Sie sich Ihrer Gedankenmuster durch Achtsamkeit bewusstwerden, können Sie gezielt positive Affirmationen einsetzen, um negative oder selbstlimitierende Überzeugungen zu transformieren.

Die regelmäßige Praxis der Achtsamkeit schärft Ihr Bewusstsein für Ihre momentanen Gedanken und Gefühle. Dieses geschärfte Bewusstsein ist wie ein helles Licht, das die verborgenen Ecken Ihres Geistes erhellt. In diesem Licht können Sie erkennen, welche Glaubenssätze Sie in Ihrem Unterbewusstsein tragen. Positive Affirmationen, die in einem Zustand der Achtsamkeit wiederholt werden, haben eine tiefere Wirkung. Sie verankern sich stärker in Ihrem Unterbewusstsein, da Ihr Geist offener und empfänglicher für Veränderungen ist. Stellen Sie sich vor, wie jede Wiederholung einer positiven Affirmation eine tiefe Spur in Ihrem Bewusstsein hinterlässt. Mit der Zeit werden diese Spuren zu neuen Wegen des Denkens und Fühlens, die Ihre Realität positiv beeinflussen.

Die Kombination von Achtsamkeit und positiven Affirmationen ist daher ein unabdingbares Power-Duo auf Ihrem Weg zur Manifestation. Achtsamkeit gibt Ihnen die Klarheit, um zu erkennen, was Sie wirklich wollen und welche Gedankenmuster Sie davon abhalten, dieses Ziel zu erreichen. Positive Affirmationen sind dann das Mittel der Wahl, um diese Muster zu verändern und Ihre Wünsche in die Realität umzusetzen.

ACHTSAMKEIT IM ALLTAG – EINFLUSS AUF WAHRNEHMUNG UND REALITÄT

Achtsamkeit im Alltag zu praktizieren, bedeutet, jeden Moment mit voller Aufmerksamkeit und Bewusstheit zu erleben. Es geht darum, die gegenwärtige Erfahrung zu akzeptieren, ohne sie zu bewerten oder zu versuchen, sie zu verändern. Diese Praxis hat einen grundlegenden Einfluss auf die Art und Weise, wie Sie die Welt um sich herum wahrnehmen. Wenn Sie achtsam sind, bemerken Sie Details und Nuancen in Ihrer Umgebung, die Ihnen sonst vielleicht entgehen würden. Sie hören genauer hin, sehen klarer und fühlen intensiver. Diese erhöhte Wahrnehmung ermöglicht es Ihnen, die Schönheit und den Reichtum des gegenwärtigen Moments voll auszukosten. Sie werden feststellen, dass selbst alltägliche Aktivitäten wie das Trinken einer Tasse Tee oder das Gehen zur Arbeit eine neue Tiefe und Bedeutung erhalten. Achtsamkeit lehrt Sie, das Leben in all seinen Facetten zu schätzen und zu genießen.

Darüber hinaus hilft Ihnen die Achtsamkeit, Ihre Reaktionen auf die Ereignisse in Ihrem Leben bewusster zu gestalten. Anstatt automatisch auf Situationen zu reagieren, basierend auf alten Gewohnheiten oder unbewussten Impulsen, gibt Ihnen Achtsamkeit die Freiheit, bewusst zu wählen, wie Sie reagieren möchten. Wenn Sie lernen, auf Herausforderungen mit Gelassenheit und Klarheit zu reagieren, anstatt mit Angst oder Frustration, schaffen Sie eine positive Umgebung, die förderlich für das Erreichen Ihrer Ziele ist. Achtsamkeit ermöglicht es Ihnen, Hindernisse als Gelegenheiten zu sehen, mit denen Sie lernen und an denen Sie wachsen können. Sie entwickeln eine tiefere Resilienz, also die psychische Widerstandskraft, die es Ihnen ermöglicht, sich von Schwierigkeiten zu erholen und sich an Veränderungen anzupassen. Diese Flexibilität hilft Ihnen, sich den Herausforderungen des Lebens zu stellen und sie als Teil Ihres Wachstumsprozesses zu betrachten.

Die Praxis der Achtsamkeit hat auch einen signifikanten Einfluss auf Ihre zwischenmenschlichen Beziehungen. Durch achtsames Zuhören und Sprechen können Sie tiefere und bedeutungsvollere Verbindungen zu anderen Menschen aufbauen. Sie lernen, anderen mit Empathie und Verständnis zu begegnen, was zu harmonischeren und erfüllenderen Beziehungen führt. Diese verbesserten Beziehungen sind wiederum ein wichtiger Aspekt der Manifestation, da sie ein unterstützendes Netzwerk schaffen, das Ihnen hilft, Ihre Träume und Ziele zu erreichen.

Exkurs: Entscheidungen

Das Wort „Entscheidung" besitzt eine tiefgründige Herkunft und Bedeutung, die eng mit der Sprachgeschichte verknüpft ist. Ursprünglich aus dem Mittelhochdeutschen stammend, setzt es sich aus den Teilen „ent-" und „-scheiden" zusammen. Das Präfix „ent-" hatte ursprünglich die Bedeutung von „weg-" oder „aus-", während „scheiden" im Sinne von „trennen" oder „absondern" verwendet wurde. In seiner ursprünglichen Form implizierte „entscheiden" also das Trennen oder Absondern von etwas, was auf den heutigen Gebrauch des Wortes als Wahl zwischen verschiedenen Möglichkeiten hindeutet.

Heute wird unter einer „Entscheidung" die Wahl zwischen verschiedenen Optionen verstanden. Das Treffen einer Entscheidung bedeutet demnach, sich für eine Möglichkeit zu entscheiden und sich gleichzeitig gegen andere zu entscheiden. Dieser Prozess des Auswählens und Festlegens auf einen bestimmten Weg oder eine bestimmte Handlung ist ein zentraler Aspekt des menschlichen Daseins.

Interessanterweise lässt sich die historische Bedeutung des Wortes „Entscheidung" mit dem Konzept der achtsamen Entscheidungsfindung verbinden. Achtsamkeit im Entscheidungsprozess bedeutet, bewusst einen Schritt zurückzutreten und die verschiedenen Optionen sorgfältig zu betrachten, bevor eine „Trennung" oder Auswahl erfolgt. Es geht darum, sich der eigenen Gedanken, Gefühle und der jeweiligen Situation vollständig bewusst zu werden, um eine fundierte und wohlüberlegte Entscheidung zu treffen.

In der Philosophie und Psychologie wird die Entscheidungsfindung oft als Zusammenspiel von rationalen Überlegungen und emotionalen Faktoren betrachtet. Achtsamkeit erweitert diesen Prozess, indem sie ein tieferes Verständnis für die emotionalen und intuitiven Aspekte des Entscheidens bietet. Somit wird die „Entscheidung" nicht nur als logischer Akt, sondern auch als ein Prozess der Selbstreflexion und des bewussten Erlebens verstanden.

Achtsame Entscheidungsfindung beginnt mit der Fähigkeit, innezuhalten und den gegenwärtigen Moment vollständig zu erfassen. Es geht darum, sich Zeit zu nehmen, um wirklich zu verstehen, was in einer bestimmten Situation vor sich geht, anstatt vorschnell zu handeln. Dieser Prozess beinhaltet das bewusste Wahrnehmen Ihrer Gedanken, Gefühle und körperlichen Empfindungen sowie das Erkennen der äußeren Umstände. Durch diese tiefgehende Selbstreflexion können Sie verborgene Motive und unbewusste Muster in Ihrem Entscheidungsprozess aufdecken. Sie lernen, Ihre Intuition und Ihr Bauchgefühl zu nutzen, um Entscheidungen zu treffen, die nicht nur logisch, sondern auch intuitiv richtig sind.

Im Folgenden wird eine detaillierte Schritt-für-Schritt-Anleitung zur achtsamen Entscheidungsfindung präsentiert. Diese Anleitung hilft dabei, die Prinzipien der Achtsamkeit in den eigenen Entscheidungsprozess zu integrieren. Es wird vermittelt, wie durch Achtsamkeit klarere, kohärentere und letztlich zufriedenstellendere Entscheidungen getroffen werden können.

Audiodatei 1

Achtsame Entscheidungsfindung

- **Halten Sie inne und schaffen Sie Bewusstsein**

o Nehmen Sie sich einen Moment Zeit, bevor Sie eine Entscheidung treffen.

o Nutzen Sie diese Pause, um sich Ihrer aktuellen Gedanken, Gefühle und körperlichen Empfindungen bewusst zu werden.

- **Klären Sie die Situation und Ihre eigenen Werte**

o Analysieren Sie die Situation, die eine Entscheidung erfordert.

o Denken Sie über Ihre persönlichen Werte und Ziele nach, die bei dieser Entscheidung eine Rolle spielen könnten.

- **Erkunden Sie alle Optionen**

o Betrachten Sie alle verfügbaren Optionen und möglichen Konsequenzen jeder Wahl.

o Versuchen Sie, die Perspektiven zu wechseln und die Situation aus verschiedenen Blickwinkeln zu betrachten.

- **Wägen Sie achtsam die Optionen ab**

o Wägen Sie jede Option sorgfältig ab, indem Sie Ihre Aufmerksamkeit auf Ihre innere Reaktion zu jeder Möglichkeit richten.

o Achten Sie darauf, wie sich jede Option anfühlt und welche Gedanken und Gefühle sie hervorruft.

- **Beziehen Sie Ihre Intuition ein**

o Hören Sie auf Ihre Intuition oder Ihr Bauchgefühl bezüglich der verschiedenen Optionen.

o Vertrauen Sie darauf, dass Ihre innere Weisheit Sie in die richtige Richtung lenken kann.

- **Treffen Sie eine Entscheidung**

o Treffen Sie eine bewusste Entscheidung, basierend auf Ihrer Analyse, Ihren Werten, der Abwägung der Optionen und Ihrer Intuition.

o Halten Sie sich Folgendes immer vor Augen: Keine Entschcidung ist endgültig und Sie haben immer die Möglichkeit, Ihre Wahl zu überdenken und anzupassen.

- **Denken Sie über Ihre Entscheidung nach und akzeptieren Sie sie.**

o Nachdem Sie eine Entscheidung getroffen haben, nehmen Sie sich bewusst Zeit, um über den zugrundeliegenden Prozess und das erzielte Ergebnis nachzudenken.

o Akzeptieren Sie Ihre Entscheidung und die damit verbundenen Konsequenzen, egal, ob sie positiv oder herausfordernd sind.

Vorbereitung auf die Challenge

Die 90-Tage-Manifestationschallenge ist eine Gelegenheit, sich intensiv mit Ihren Zielen, Wünschen und Träumen auseinanderzusetzen und einen klaren Plan zu entwickeln, um diese zu verwirklichen. Der erste Schritt besteht darin, eine Manifestationsliste zu erstellen, die Ihre Ziele für die nächsten 90 Tage festhält. Diese Liste ist Ihr persönlicher Fahrplan, der Sie durch die kommenden drei Monate leitet. Sie werden lernen, wie Sie Ihre Ziele klar definieren und sie in verschiedene Lebensbereiche strukturieren können, um einen ausgewogenen und ganzheitlichen Ansatz zu gewährleisten.

Die Auswahl von konkreten und erreichbaren Zielen ist entscheidend, um motiviert und fokussiert zu bleiben. Ein weiterer wichtiger Bestandteil der Vorbereitung ist die Gestaltung eines Vision Boards.

Definition: Vision Board

Ein Vision Board ist eine kreative und visuelle Darstellungsform Ihrer persönlichen Ziele, Träume und Wünsche. Sie gestalten es, indem Sie Bilder, Worte, Zitate oder andere visuelle Elemente verwenden, die das repräsentieren, was Sie in Ihrem Leben manifestieren möchten. Diese Sammlung von Bildern und Worten wird auf einem Poster, einer Pinnwand oder einem digitalen Medium angeordnet. Durch diese Visualisierung schaffen Sie eine klare und greifbare Darstellung Ihrer Bestrebungen.

Das Erstellen eines Vision Boards dient als ständige visuelle Erinnerung und Motivation. Es hilft Ihnen, sich auf Ihre Ziele zu konzentrieren, fördert eine positive Denkweise und unterstützt den Prozess der Manifestation. Die regelmäßige Betrachtung Ihres Vision Boards kann Ihre emotionale Verbindung zu Ihren Zielen vertiefen und dazu beitragen, dass Sie sich aktiv auf deren Verwirklichung ausrichten. Es ist eine persönliche und kraftvolle Methode, um Ihre Träume und Ziele in den Vordergrund Ihres täglichen Lebens zu rücken.

Dieses kreative Werkzeug dient als visuelle Unterstützung und tägliche Inspiration für Ihre Ziele. Sie werden verschiedene kreative Methoden kennenlernen, um Ihr Vision Board zu gestalten und es effektiv in Ihren Alltag zu integrieren.

Zusätzlich erhalten Sie Tipps, wie Sie ein inspirierendes Manifestationsumfeld schaffen können. Dies umfasst die Anwendung von Feng-Shui-Prinzipien, um positive Energie in Ihrem Wohnraum zu fördern, sowie die Auswahl von Düften für eine motivierende Atmosphäre durch Aromatherapie. Auch die Organisation Ihres persönlichen Umfelds spielt eine wichtige Rolle, um Ablenkungen zu minimieren und eine Umgebung zu schaffen, die Ihre Manifestationsbemühungen unterstützt. Jeder dieser Schritte ist darauf ausgerichtet, Sie optimal auf die bevorstehende Challenge vorzubereiten und Ihnen die Methoden an die Hand zu geben, um Ihre Träume und Ziele in die Realität umzusetzen.

IHRE PERSÖNLICHE MANIFESTATIONSLISTE

Die klare Definition von Manifestationszielen ist der erste Schritt auf dem Weg zur Verwirklichung Ihrer Träume und Wünsche. Es beginnt mit einer tiefen Selbstreflexion, bei der Sie sich fragen, was Sie wirklich im Leben erreichen möchten. Diese Ziele sollten Ihre wahren Wünsche und Bestrebungen widerspiegeln und nicht nur das, was Sie glauben, erreichen zu wollen. Es ist wichtig, dass Ihre Ziele Sie begeistern und motivieren. Nehmen Sie sich Zeit, um in sich zu gehen und zu erkunden, was Sie wirklich erfüllen würde. Dies könnten beruflicher Erfolg, persönliches Wachstum, verbesserte Gesundheit oder tiefere Beziehungen sein. Die Ziele sollten spezifisch und messbar sein, damit Sie Ihren Fortschritt klar verfolgen können. Anstatt sich vage Ziele wie „Glücklich sein" zu setzen, definieren Sie, was Glück für Sie konkret bedeutet, beispielsweise „Jeden Tag Zeit für eine Aktivität zu haben, die mir Freude bereitet".

Nachdem Sie Ihre Ziele identifiziert haben, ist der nächste Schritt, sie in kleinere, handhabbare Schritte zu unterteilen. Dies hilft, das Gefühl der Überwältigung zu vermeiden, und macht große Ziele erreichbarer.

Beispiel:

Wenn Ihr Ziel beispielsweise ist, ein eigenes Unternehmen zu gründen, könnten die kleineren Schritte beinhalten, einen Businessplan zu erstellen, Finanzierungsmöglichkeiten zu recherchieren oder sich mit potenziellen Partnern zu vernetzen. Diese Aufteilung in kleinere Schritte ermöglicht es Ihnen, konkrete Aktionen zu planen und sich auf den Weg zu machen, ohne sich verloren zu fühlen. Es ist auch hilfreich, Fristen für diese Schritte festzulegen, um sich selbst zur Rechenschaft zu ziehen und den Fortschritt zu messen.

Schließlich ist es wichtig, eine positive und realistische Einstellung zu Ihren Zielen zu bewahren. Während Optimismus entscheidend ist, sollten Sie auch realistisch in Bezug auf die Herausforderungen und Hindernisse sein, die auf dem Weg liegen könnten. Dies bedeutet, sowohl die erforderlichen Ressourcen und Fähigkeiten zu berücksichtigen als auch mögliche Hindernisse zu antizipieren. Eine realistische Herangehensweise ermöglicht es Ihnen, flexibel zu bleiben und sich anzupassen, wenn Dinge nicht wie geplant verlaufen. Denken Sie daran, dass jeder Schritt, egal, wie klein, Sie Ihrem Ziel näherbringt. Feiern Sie Ihre Fortschritte und nutzen Sie Rückschläge als Lernmöglichkeiten, um sich weiterzuentwickeln und zu wachsen.

Anleitung: Erstellung Ihrer Manifestationsliste

- **Selbstreflexion und Zielklärung**

o Beginnen Sie mit einer Phase der Selbstreflexion. Nehmen Sie sich Zeit in einer ruhigen Umgebung, um über Ihre wahren Wünsche und Ziele nachzudenken. Fragen Sie sich, was Sie in verschiedenen Lebensbereichen erreichen möchten, wie Beruf, Gesundheit, Beziehungen, persönliche Entwicklung und Freizeit. Notieren Sie alles, was Ihnen in den Sinn kommt, ohne sich zunächst auf die Machbarkeit zu konzentrieren.

- **Spezifizieren Sie Ihre Ziele**

o Gehen Sie Ihre Liste durch und formulieren Sie jedes Ziel so spezifisch wie möglich. Anstatt allgemeine Ziele wie „Mehr Geld verdienen" zu notieren, definieren Sie, was das konkret bedeutet, z. B. „Mein Einkommen in den nächsten sechs Monaten um 20 % steigern". Dies hilft, Ihre Ziele greifbar und messbar zu machen.

- **Setzen Sie Prioritäten**

o Betrachten Sie Ihre Liste und entscheiden Sie, welche Ziele für Sie am wichtigsten sind. Es ist effektiver, sich auf eine überschaubare Anzahl von Zielen zu konzentrieren, statt zu versuchen, alles auf einmal zu erreichen. Wählen Sie die Ziele aus, die Ihnen am meisten am Herzen liegen oder die den größten positiven Einfluss auf Ihr Leben haben würden.

- **Teilen Sie in kleinere Schritte auf**

o Zerlegen Sie jedes Ihrer Hauptziele in kleinere, handhabbare Schritte. Erstellen Sie einen Aktionsplan, der aufzeigt, was Sie tun müssen, um jedes Ziel zu erreichen. Dies könnte Recherche, das Erlernen einer neuen Fähigkeit, das Aufbauen von Kontakten oder das Umsetzen spezifischer Projekte umfassen.

- **Setzen Sie sinnvolle Fristen**

o Legen Sie für jedes Ziel und jeden Schritt eine realistische Frist fest. Dies hilft, den Prozess zu strukturieren, und gibt Ihnen einen klaren Zeitrahmen, in dem Sie Ihre Ziele erreichen möchten.

- **Überprüfung und Anpassung**

o Überprüfen Sie regelmäßig Ihre Manifestationsliste. Es ist normal, dass sich Ziele im Laufe der Zeit ändern oder anpassen. Seien Sie offen dafür, Ihre Liste zu aktualisieren, um sie an Ihre aktuellen Wünsche und Umstände anzupassen.

- **Erinnern Sie sich täglich daran**

o Integrieren Sie Ihre Manifestationsliste in Ihren Alltag. Bewahren Sie sie an einem Ort auf, an dem Sie sie regelmäßig sehen können, um sich täglich an Ihre Ziele zu erinnern. Dies könnte durch ein Vision Board, eine digitale Erinnerung oder ein Tagebuch geschehen.

STRUKTURIERUNG DER LISTE FÜR VERSCHIEDENE LEBENSBEREICHE

Die Strukturierung Ihrer Manifestationsliste dient dazu, ein ausgewogenes und ganzheitliches Zielsetzungssystem zu entwickeln. Unterteilen Sie die Ziele in Kategorien, die alle wichtigen Aspekte des Lebens abdecken. Zu den typischen Kategorien gehören:

- **Persönliche Entwicklung**

  o Hier könnten Ziele wie das Erlernen eines neuen Hobbys oder das Lesen eines Buches pro Monat festgelegt werden, um persönliches Wachstum und Selbstverwirklichung zu fördern.

- **Karriere**

  o In diesem Bereich könnten Ziele wie das Erreichen einer bestimmten beruflichen Qualifikation oder das Starten eines eigenen Projekts gesetzt werden, was zur beruflichen Entwicklung und Zufriedenheit beiträgt.

- **Gesundheit**

  o Ziele könnten hier beispielsweise dreimal wöchentlich Sport treiben oder täglich fünf Portionen Obst und Gemüse essen umfassen, um das körperliche Wohlbefinden und die Lebensqualität zu steigern.

- **Finanzen**

  o Ziele wie das Sparen eines bestimmten Betrags oder das Investieren in persönliche Finanzbildung könnten hier eingeordnet werden.

- **Beziehungen**

  o In dieser Kategorie könnten Ziele wie das Vertiefen bestehender Beziehungen oder das Knüpfen neuer Kontakte stehen.

- **Freizeit und Hobbys**

  o Ziele wie das Erlernen einer neuen Fertigkeit oder das Planen von Reisen könnten hier ihren Platz finden.

Diese klare Einteilung ermöglicht es, einen umfassenden Überblick über die verschiedenen Lebensbereiche zu erhalten und sicherzustellen, dass alle wichtigen Aspekte berücksichtigt werden.

Darüber hinaus ist es hilfreich, die Ziele in eine Reihenfolge zu bringen, die ihre Bedeutung und Dringlichkeit widerspiegelt. Dies erleichtert die Fokussierung auf die wichtigsten Ziele und verhindert, sich in weniger relevanten Aufgaben zu verlieren. Die Prioritäten können sich im Laufe der Zeit ändern, abhängig von persönlichen Umständen oder neuen Erkenntnissen. Daher ist es ratsam, die Liste regelmäßig zu überprüfen und gegebenenfalls anzupassen. Diese dynamische Herangehensweise ermöglicht es, flexibel auf Veränderungen zu reagieren und die Ziele stets aktuell und relevant zu halten.

Achten Sie auch auf eine Balance zwischen kurzfristigen und langfristigen Zielen. Die folgende Tabelle bietet eine übersichtliche Struktur, um Ziele in verschiedenen Lebensbereichen zu planen und die Balance zwischen kurzfristigen und langfristigen Zielen zu wahren. Kurzfristige Ziele dienen als Schritte auf dem Weg zu den langfristigen Zielen und bieten regelmäßige Erfolgserlebnisse, die zur Motivation beitragen. Langfristige Ziele hingegen geben eine klare Richtung vor und fördern das nachhaltige Wachstum in den jeweiligen Lebensbereichen. Durch das In-Einklang-Bringen dieser Ziele entsteht eine solide Grundlage für eine erfolgreiche und erfüllende Manifestationsreise.

Lebensbereich	Kurzfristige Ziele (Beispiel)	Langfristige Ziele (Beispiel)
Persönliche Entwicklung	Ein neues Buch diesen Monat lesen.	Ein Jahr lang jeden Monat ein neues Buch lesen.
Karriere	An einem beruflichen Workshop teilnehmen.	Innerhalb von fünf Jahren eine Führungsposition erreichen.

Gesundheit	Drei Wochen lang jeden Tag 10.000 Schritte gehen.	Ein regelmäßiges Fitnessprogramm etablieren und beibehalten.
Finanzen	Einen Monat lang tägliche Ausgaben protokollieren.	Innerhalb von drei Jahren ein finanzielles Polster aufbauen.
Beziehungen	Eine neue Freundschaft knüpfen.	Langfristige, tiefe Beziehungen aufbauen und pflegen.
Freizeit und Hobbys	Einen neuen Sport ausprobieren.	Ein fortgeschrittenes Niveau in einem Hobby erreichen.

GESTALTUNG IHRES VISION BOARDS ALS VISUELLE UNTERSTÜTZUNG

Ein Vision Board ist im Grunde eine visuelle Darstellung dessen, was Sie in Ihrem Leben erreichen möchten. Es dient als ständige Erinnerung und Inspirationsquelle für Ihre persönlichen und beruflichen Bestrebungen. Die Idee hinter einem Vision Board ist, dass das, was Sie regelmäßig sehen und sich vorstellen, schließlich Teil Ihrer Realität wird. Es basiert auf dem Prinzip, dass Bilder eine starke emotionale Resonanz hervorrufen und somit das Unterbewusstsein beeinflussen können.

Die Erstellung eines Vision Boards beginnt mit der Sammlung von Bildern, Zitaten, Aussagen oder Symbolen, die Ihre Ziele und Träume repräsentieren. Diese können aus Zeitschriften ausgeschnitten, ausgedruckt oder sogar selbst gezeichnet werden. Es ist wichtig, dass jedes Element des Vision Boards eine spezifische Bedeutung für Sie hat und die Gefühle oder Erfahrungen widerspiegelt, die Sie in Ihrem Leben manifestieren möchten.

Beispiel:

Zum Beispiel könnte ein Bild von einem Berggipfel das Ziel symbolisieren, persönliche Herausforderungen zu überwinden, oder ein Bild eines glücklichen Paares könnte den Wunsch nach einer erfüllenden Beziehung darstellen.

Ein weiterer wesentlicher Aspekt bei der Gestaltung eines Vision Boards ist die persönliche Verbindung. Es sollte nicht nur eine Sammlung von hübschen Bildern sein, sondern eine sorgfältig zusammengetragene Darstellung Ihrer einzigartigen Ziele und Werte. Ein Vision Board ist ein persönliches Kunstwerk, das Ihre individuellen Hoffnungen und Träume widerspiegelt. Es geht darum, eine visuelle Sprache zu finden, die Ihre innersten Wünsche und Bestrebungen ausdrückt. Dieser kreative Prozess kann auch als eine Form der Meditation und Selbstreflexion dienen, bei der Sie sich Zeit nehmen, um über Ihre Ziele nachzudenken und sich klar darüber zu werden, was Sie wirklich im Leben erreichen möchten. Durch die visuelle Darstellung Ihrer Träume und Ziele schaffen Sie eine Brücke zwischen Ihrem aktuellen Zustand und dem Zustand, den Sie erreichen möchten. Ein gut gestaltetes Vision Board kann eine transformative Wirkung auf Ihr Leben haben, indem es Ihnen hilft, sich auf Ihre Ziele zu konzentrieren und diese in die Realität umzusetzen.

METHODEN ZUR UMSETZUNG IHRES VISION BOARDS

Die Kreativität bei der Erstellung eines Vision Boards bereichert Ihren individuellen Weg zur Verwirklichung Ihrer Ziele und Träume und ist ein Ausdruck der eigenen Hoffnungen, Wünsche und Bestrebungen. Es gibt kein „Richtig" oder „Falsch" bei der Gestaltung eines Vision Boards. Jedes Board ist so einzigartig wie die Person, die es erschafft, und spiegelt deren individuelle Perspektive und Lebenssituation wider.

Die Schönheit eines Vision Boards liegt in seiner Fähigkeit, die innersten Träume und Ziele auf eine Weise zu visualisieren, die sowohl inspirierend als auch motivierend ist. Es dient als tägliche Erinnerung an das, was Sie im Leben erreichen möchten, und hilft, den Fokus auf diese Ziele zu richten. Die visuelle Darstellung Ihrer Ambitionen kann eine tiefgreifende Wirkung auf Ihr Unterbewusstsein haben, indem sie kontinuierlich positive Bilder und Botschaften liefert, die Ihre Gedanken und Handlungen beeinflussen.

Die Gestaltung eines Vision Boards kann auf vielfältige Weise erfolgen, wobei jedes Format und Material seine eigene Besonderheit und Wirkung hat. Die Auswahl des passenden Formats und der Materialien hängt von persönlichen Vorlieben und dem verfügbaren Raum ab. Hier sind einige Möglichkeiten, wie Vision Boards gestaltet werden können:

- **Physische Tafeln**

o Kork- oder Pinnwände: ideal für das Anbringen von Bildern, Notizen und anderen leichten Materialien mit Reißzwecken

o Magnetische Whiteboards: ermöglichen das Anbringen von magnetischen Elementen und das Schreiben mit abwischbaren Markern

o Leinwände: bieten eine künstlerische Fläche, auf der Bilder, Farben und verschiedene Materialien kombiniert werden können

- **Digitale Versionen**

o Digitale Collagen: erstellt mit Bildbearbeitungssoftwares (wie Photoshop oder Canva) oder Apps, können digital gespeichert und als Hintergrundbild auf Geräten verwendet werden

o Präsentationssoftware: Programme wie PowerPoint oder Keynote ermöglichen es, ein digitales Vision Board mit Multimedia-Elementen wie Texten, Bildern und sogar Videos zu erstellen

- **3D-Modelle**

o Miniatur-Modelle: für eine dreidimensionale und greifbare Darstellung von Zielen, beispielsweise ein Miniaturhaus für das Ziel, ein Eigenheim zu besitzen

o Kombination aus physischen und digitalen Elementen: beispielsweise ein physisches Board mit integrierten digitalen Bildschirmen oder Soundmodulen

Bei der Auswahl der Materialien für ein Vision Board sind der Kreativität keine Grenzen gesetzt. Hier einige Ideen:

- **Zeitschriftenausschnitte:**

o ideal für inspirierende Bilder und Zitate

- **Fotos:**

o persönliche Fotos oder ausgedruckte Bilder, die spezifische Ziele oder Träume darstellen

- **Zeichnungen und Malereien:**

o eigene Kunstwerke, die persönliche Ziele symbolisieren

- **Stoffreste und Deko-Elemente:**

o für eine textur- und farbenreiche Gestaltung

- **Digitale Tools:**

o Apps und Bildbearbeitungssoftwares können verwendet werden, um digitale Vision Boards zu erstellen oder Elemente für physische Boards zu designen.

Die Auswahl des Formats und der Materialien sollte auf das persönliche Empfinden und die Art und Weise abgestimmt sein, wie visuelle Reize am besten motivieren und inspirieren. Ein Vision Board ist ein persönliches und dynamisches Werkzeug, das sich im Laufe der Zeit weiterentwickeln und anpassen lässt, um die sich verändernden Ziele und Träume widerzuspiegeln.

Sehen Sie Ihr Vision Board als eine Quelle der Motivation und Inspiration. Es ist ein visueller Ausdruck Ihrer Hoffnungen, Träume und Ziele – eine tägliche Erinnerung daran, dass Sie das Potenzial haben, alles zu erreichen, was Sie sich vornehmen. Lassen Sie sich von Ihrem Vision Board dazu inspirieren, mutige Schritte zu unternehmen und die Herausforderungen anzunehmen, die auf dem Weg zur Verwirklichung Ihrer Träume liegen. Es ist ein Symbol dafür, dass Sie der Schöpfer Ihrer eigenen Realität sind und die Macht haben, Ihr Leben nach Ihren Vorstellungen zu gestalten. Ihr Vision Board ist mehr als nur eine Sammlung von Bildern – es ist ein Spiegel Ihrer Seele und ein Fenster zu Ihren tiefsten Wünschen und Bestrebungen. Nutzen Sie es als Leitfaden und Inspirationsquelle auf Ihrem Weg zu einem erfüllten und glücklichen Leben.

Beispiele für thematische Vision Boards

Thematische Vision Boards sind eine sinnvolle Möglichkeit, sich auf spezifische Lebensbereiche zu konzentrieren und die eigenen Ziele klarer zu definieren. Stellen Sie sich ein Vision Board vor, das ausschließlich Ihrer beruflichen Entwicklung gewidmet ist. Auf diesem Board könnten Bilder von Ihrem Traumjob, Zitate von Menschen, die Sie in Ihrer Karriere inspirieren, und Symbole für die Werte, die Sie in Ihrer Arbeit verkörpern möchten, zu finden sein. Dies könnte beispielsweise ein Bild des Büros sein, in dem Sie arbeiten möchten, oder eine Collage, die die Atmosphäre und Kultur des Unternehmens darstellt, für das Sie tätig sein möchten. Solch ein thematisches Vision

Board hilft Ihnen, sich auf Ihre beruflichen Ambitionen zu konzentrieren, und schafft eine visuelle Repräsentation der Karriereziele, die Sie erreichen möchten.

Ein weiteres Beispiel für ein thematisches Vision Board könnte sich auf persönliche Entwicklung konzentrieren. Hier könnten Sie Bilder und Worte wählen, die persönliches Wachstum, Selbstfürsorge und Ihre Hobbys darstellen. Vielleicht möchten Sie ein Zitat integrieren, das Sie motiviert, oder ein Bild, das eine Fähigkeit symbolisiert, die Sie erlernen möchten. Ein solches Board könnte auch Bereiche wie Gesundheit und Wellness umfassen, mit Bildern, die einen gesunden Lebensstil oder sportliche Ziele darstellen. Die Konzentration auf persönliche Entwicklung durch ein thematisches Vision Board kann eine tiefgreifende Wirkung auf Ihr Selbstbewusstsein und Ihr Wohlbefinden haben, indem es Ihnen hilft, sich auf die Aspekte Ihres Lebens zu konzentrieren, die Sie verbessern und pflegen möchten. Indem Sie Ihre Visionen und Träume in diesen spezifischen Lebensbereichen visualisieren, schaffen Sie eine starke mentale Verbindung zu Ihren Zielen und verstärken Ihre Entschlossenheit, sie zu erreichen.

Platzierung des Vision Boards

Die geschickte Platzierung Ihres Vision Boards in Ihrem täglichen Umfeld gewährleistet maximale Inspiration und Motivation. Wählen Sie einen Ort für Ihr Vision Board, an dem Sie es regelmäßig sehen können – sei es in Ihrem Schlafzimmer, wo es das Erste ist, was Sie am Morgen sehen, oder in Ihrem Arbeitsbereich, wo es Sie während des Tages begleitet. Die ständige Sichtbarkeit Ihres Vision Boards dient als kontinuierliche Erinnerung an Ihre Ziele und Träume. Es ist wie ein stilles, aber kraftvolles Signal, das Sie daran erinnert, auf Ihre Ziele hinzuarbeiten und sich von den Bildern und Worten leiten zu lassen, die Sie sorgfältig ausgewählt haben. Ein gut sichtbarer Platz, wie über Ihrem Schreibtisch oder neben dem Spiegel, wo Sie Ihre morgendliche Routine durchführen, kann besonders effektiv sein. Hier können Sie täglich einen Moment verweilen, um Ihre Ziele zu visualisieren und sich mental auf den Tag einzustimmen.

Neben der Platzierung ist es auch wichtig, dass Ihr Vision Board in einer Weise präsentiert wird, die zu Ihrem Lebensstil und Ihrer Umgebung passt. Ein Rahmen kann Ihrem Vision Board eine formelle und prominente Präsenz verleihen, während ein locker aufgehängtes Board eine entspanntere und flexiblere Atmosphäre schafft. Wenn Sie sich für ein digitales Vision Board entschieden haben, könnten Sie es als Hintergrundbild auf Ihrem Computer oder Smartphone einrichten, um es immer bei sich zu haben. Die regelmäßige Interaktion mit Ihrem Vision Board, sei es durch das Betrachten, das Hinzufügen neuer Elemente oder das Nachdenken über die dargestellten Ziele, hält Ihre Ambitionen lebendig und greifbar. Es geht darum, Ihr Vision Board in Ihren Alltag zu integrieren, sodass es zu einem natürlichen Teil Ihrer Umgebung wird und Sie kontinuierlich inspiriert und motiviert.

TIPPS ZUR SCHAFFUNG EINES INSPIRIERENDEN MANIFESTATIONSUMFELDS

Ihr persönliches Umfeld hat einen tiefgreifenden Einfluss darauf, wie Sie denken, fühlen und handeln. Ein Umfeld, das Harmonie, Ruhe und Inspiration fördert, kann Ihre Fähigkeit zur Manifestation erheblich steigern. In diesem Kapitel werden Sie lernen, wie Sie Ihr Zuhause und Ihren Arbeitsplatz so gestalten können, dass sie Ihre Manifestationsbemühungen optimal unterstützen. Von der Anwendung der Feng-Shui-Prinzipien zur Schaffung eines harmonischen und energetisch ausgewogenen Wohnraums bis hin zur Nutzung von Aromatherapie, um eine motivierende Atmosphäre zu erzeugen – jede Veränderung in Ihrer Umgebung kann einen positiven Einfluss auf Ihre Manifestationskraft haben.

Organisieren Sie Ihr persönliches Umfeld so, dass Ablenkungen minimiert werden. Eine aufgeräumte und gut strukturierte Umgebung ermöglicht es Ihnen, sich besser auf Ihre Ziele zu konzentrieren, und fördert eine klare und positive Denkweise. In den folgenden Abschnitten werden Sie praktische Tipps und Anleitungen erhalten, wie Sie Ihr Umfeld so gestalten können, dass es Ihre Manifestationsbemühungen unterstützt und verstärkt. Sie werden entdecken, wie kleine Veränderungen in Ihrem täglichen Umfeld einen großen Unterschied in Ihrer Fähigkeit machen können, Ihre Träume und Ziele zu manifestieren.

Feng-Shui-Prinzipien für positive Energie im Wohnraum

Feng-Shui, eine traditionsreiche chinesische Praxis der Raumgestaltung, basiert auf der Philosophie, dass Ihre Umgebung Ihre Lebensenergie, bekannt als „Qi" (ausgesprochen „Chi"), beeinflusst. Durch gezielte Anordnung und Gestaltung der räumlichen Elemente strebt Feng-Shui danach, den Fluss des Qi zu optimieren und so Harmonie und Gleichgewicht in Ihre Umgebung zu bringen. Diese Harmonisierung wirkt sich positiv auf Ihre Lebensqualität und Ihre Fähigkeit zur Manifestation aus.

Das Grundprinzip von Feng-Shui ist die Balance der fünf Elemente – Holz, Feuer, Erde, Metall und Wasser – sowie das Gleichgewicht von Yin und Yang, den gegensätzlichen, aber komplementären Kräften des Universums. Die sorgfältige Platzierung von Möbeln, die Auswahl von Farben und die Verwendung von Dekorationen spielen eine wesentliche Rolle bei der Schaffung einer ausgewogenen und lebendigen Energie.

Die Anwendung von Feng-Shui in Ihrem Wohnraum beinhaltet oft das Entfernen von Unordnung, um den freien Energiefluss zu ermöglichen. Es geht auch darum, Gegenstände und Möbel so anzuordnen, dass sie eine offene und einladende Atmosphäre schaffen. Durch das Einbringen von Pflanzen, Wasserelementen oder Spiegeln können Sie die Verbindung zu den natürlichen Elementen stärken und somit die Energie Ihres Raumes erhöhen. Das Ausrichten Ihrer Möbel in einer Weise, die eine klare Sicht auf die Eingangstür ermöglicht, gilt als besonders förderlich, da dies den Qi-Fluss unterstützt und ein Gefühl der Sicherheit und Kontrolle schafft.

Feng-Shui berücksichtigt auch die Energiequalität, die durch Licht und Farbe in einen Raum gebracht wird. Helle, lebhafte Farben können belebend wirken, während sanfte Töne beruhigend wirken. Indirekte Beleuchtung und das Maximieren des natürlichen Lichts sind empfohlene Methoden, um eine friedliche und harmonische Atmosphäre zu fördern.

Hier sind einige grundlegende, aber wirkungsvolle Feng-Shui-Techniken, die Sie in Ihrem Zuhause anwenden können:

- **Klarheit und Ordnung**

o Beginnen Sie mit der Beseitigung von Unordnung. Ein aufgeräumter Raum fördert nicht nur eine klare Denkweise, sondern ermöglicht auch einen freien Energiefluss. Entfernen Sie Gegenstände, die Sie nicht mehr benötigen, und schaffen Sie eine ordentliche, beruhigende Umgebung.

- **Positionierung der Möbel**

  o Achten Sie auf die Anordnung Ihrer Möbel. Im Feng-Shui ist es wichtig, dass Sie beim Betreten eines Raumes eine klare Sicht auf die Tür haben, ohne dass Sie direkt davor sitzen. Dies wird als „Kommandoposition" bezeichnet und fördert ein Gefühl der Sicherheit und Kontrolle.

- **Nutzung von Farben**

  o Farben haben eine starke Wirkung auf unsere Stimmung und Energie. Wählen Sie Farben, die Ruhe und Entspannung fördern, wie Blautöne oder sanfte Grüntöne. Vermeiden Sie aggressive oder sehr dunkle Farben, besonders in Schlaf- und Entspannungsräumen.

- **Natürliche Elemente**

  o Integrieren Sie natürliche Elemente wie Pflanzen oder Wasser. Pflanzen verbessern nicht nur die Luftqualität, sondern bringen auch Lebensenergie in Ihren Raum. Ein kleiner Brunnen oder das Geräusch von fließendem Wasser kann ebenfalls beruhigend wirken und die Energie im Raum erhöhen.

- **Symbole und Dekorationen**

  o Verwenden Sie Symbole und Dekorationen, die Ihre Ziele und Träume widerspiegeln. Dies könnte ein Bild sein, das einen Traumurlaub darstellt, oder ein Gegenstand, der beruflichen Erfolg symbolisiert. Diese Gegenstände dienen als tägliche Erinnerungen und Inspirationen für Ihre Manifestationsziele.

- **Licht und Luft**

  o Sorgen Sie für ausreichend natürliches Licht und frische Luft. Öffnen Sie regelmäßig Fenster, um frische Energie hereinzulassen, und verwenden Sie verschiedene Lichtquellen, um eine angenehme Atmosphäre zu schaffen.

- **Platzieren von Spiegeln**

o Spiegel können im Feng-Shui verwendet werden, um den Energiefluss zu verbessern und Räume größer erscheinen zu lassen. Platzieren Sie Spiegel jedoch so, dass sie keine unruhigen Bereiche wie die Küche oder die Eingangstür reflektieren.

Durch die Anwendung dieser Feng-Shui-Prinzipien können Sie einen Wohnraum schaffen, der nicht nur ästhetisch ansprechend ist, sondern auch eine Umgebung, die Ihre Fähigkeit zur Manifestation unterstützt und verstärkt. Denken Sie daran, dass die Gestaltung Ihres Wohnraums ein persönlicher Prozess ist, der Ihre individuellen Bedürfnisse und Vorlieben widerspiegeln sollte.

Aromatherapie und Duftauswahl für eine motivierende Atmosphäre

Die Aromatherapie nutzt die Kraft ätherischer Öle, um das Wohlbefinden zu steigern und eine motivierende Atmosphäre zu schaffen. Ätherische Öle, gewonnen aus Pflanzen, Blüten, Kräutern und Bäumen, bieten eine Vielzahl von Düften, die jeweils unterschiedliche emotionale und psychologische Reaktionen hervorrufen können. Hier sind einige grundlegende Richtlinien und Ideen, wie Sie Aromatherapie in Ihrem Alltag für eine inspirierende Umgebung nutzen können:

- **Auswahl der richtigen Düfte**

o Jeder Duft hat seine eigene Wirkung. Bei der Auswahl ist es hilfreich, deren spezifische Wirkungen zu kennen. Hier sind einige Beispiele, wie Sie Aromaöle nutzen können:

➢ <u>Lavendel:</u> Bekannt für seine entspannende Wirkung, hilft Lavendel beim Stressabbau. Für eine entspannende Atmosphäre 2 bis 3 Tropfen in einen Diffusor geben.

➢ <u>Zitrusdüfte</u> (Zitrone, Orange): Diese Düfte wirken belebend und erfrischend, ideal für Energie und Aufmunterung. 3 bis 4 Tropfen in einen Diffusor geben, um einen belebenden Effekt zu erzielen.

- Rosmarin: fördert die Konzentration und kann bei geistigen Aufgaben unterstützend wirken. 2 Tropfen in einen Diffusor oder auf ein Taschentuch geben, um die Konzentration zu fördern.
- Pfefferminze: Bekannt für seine erfrischende und klärende Wirkung, hilft Pfefferminze, den Geist zu schärfen. 1 bis 2 Tropfen sind ausreichend, um die geistige Klarheit zu steigern.
- Jasmin: Bekannt für seine beruhigenden Eigenschaften, fördert Jasmin Entspannung und kann helfen, Ängste zu lindern. Geben Sie 2 Tropfen in einen Diffusor oder auf ein Taschentuch für eine beruhigende Wirkung.
- Sandelholz: Dieser warme, holzige Duft ist ideal für die Förderung von Ruhe und geistiger Klarheit. 2 bis 3 Tropfen sind ausreichend für eine beruhigende und klärende Atmosphäre.
- Eukalyptus: Erfrischend und belebend, kann Eukalyptus helfen, die Konzentration zu steigern und die Atemwege zu klären. 3 Tropfen in einen Diffusor geben, um die Konzentration zu fördern und die Atemwege zu klären.
- Ylang-Ylang: Dieser exotische Duft wirkt stimmungsaufhellend und kann bei Stress und Ängsten helfen. Dosieren Sie 2 Tropfen für eine stimmungsaufhellende Wirkung.
- Bergamotte: ist ein zitrusartiger, leicht würziger Duft, der für seine stimmungsaufhellenden und entspannenden Eigenschaften bekannt ist. Geben Sie 2 bis 3 Tropfen in einen Diffusor für eine entspannende Wirkung.

- **Verwendung von Diffusoren**

○ Ein Diffusor eignet sich besonders dazu, um ätherische Öle in die Luft zu verteilen. Es gibt verschiedene Arten von Diffusoren, von elektrischen über Keramik bis hin zu Ultraschall-Diffusoren. Ein Diffusor hilft, den Duft gleichmäßig im Raum zu verteilen, und schafft eine subtile, aber wirkungsvolle Atmosphäre.

- **Direkte Anwendung**

○ Einige ätherische Öle können auch direkt auf die Haut aufgetragen werden, allerdings verdünnt mit einem Trägeröl wie Kokos- oder Jojobaöl. Dies kann besonders nützlich sein, um spezifische emotionale oder physische Reaktionen zu fördern, wie zum Beispiel das Auftragen von Lavendelöl auf die Schläfen für Entspannung. Mischen Sie 1 bis 2 Tropfen des ätherischen Öls mit einem Teelöffel Trägeröl, bevor Sie es auf die Haut auftragen, um Hautirritationen zu vermeiden.

- **Aromatherapie während der Meditation**

○ Die Kombination von Aromatherapie mit Meditation kann eine tiefere Entspannung und Konzentration fördern. Ein paar Tropfen eines beruhigenden Öls wie Sandelholz oder Weihrauch in einem Diffusor können helfen, eine meditative Stimmung zu schaffen.

- **Schaffung eines persönlichen Aromatherapie-Plans**

o Experimentieren Sie mit verschiedenen Ölen und Mischungen, um herauszufinden, was für Sie am besten funktioniert. Sie können auch verschiedene Düfte für verschiedene Tageszeiten oder Aktivitäten wählen, zum Beispiel belebende Düfte am Morgen und entspannende am Abend.

- **Sicherheit und Qualität**

o Achten Sie auf die Qualität der ätherischen Öle und verwenden Sie sie sicher. Nicht alle Öle sind für jeden geeignet und einige können allergische Reaktionen hervorrufen. Informieren Sie sich über die Eigenschaften und möglichen Nebenwirkungen der Öle, die Sie verwenden möchten.

Die bewusste Auswahl und Anwendung von Düften ermöglicht es Ihnen, eine Umgebung zu kreieren, die nicht nur angenehm duftet, sondern auch Ihre Bemühungen zur Manifestation unterstützt. Aromatherapie ist eine zugängliche und effektive Methode, um die Stimmung zu verbessern, die Konzentration zu erhöhen und ein Gefühl von Ruhe und Klarheit im Alltag zu fördern. Sie bietet eine subtile, aber kraftvolle Möglichkeit, das tägliche Umfeld positiv zu beeinflussen und die eigene Manifestationsreise zu unterstützen.

Organisation des persönlichen Umfelds zur Minimierung von Ablenkungen

Die sorgfältige Organisation des persönlichen Umfelds trägt wesentlich dazu bei, Ablenkungen zu reduzieren und eine Umgebung zu schaffen, die die Manifestation begünstigt. Ein ordentlicher und gut strukturierter Raum fördert nicht nur die Konzentration und Produktivität, sondern trägt auch zu einer klaren und fokussierten Geisteshaltung bei. Ziel ist es, einen Raum zu gestalten, der Klarheit und Zielgerichtetheit unterstützt. Dies gelingt durch das Beseitigen von Unordnung und das Entfernen überflüssiger Gegenstände. Einfache, aber wirkungsvolle Methoden wie das Aussortieren nicht benötigter Dinge, die sinnvolle Organisation von Arbeits- und Wohnbereichen sowie das Einrichten spezieller Plätze für Entspannung und Reflexion können hierbei hilfreich sein. Eine bewusst gestaltete Umgebung beeinflusst positiv die mentale und emotionale Verfassung und fördert so die Bemühungen um Manifestation.

Hier sind einige praktische Tipps zur Organisation des persönlichen Umfelds:

- **Aussortieren und Reduzieren**

  - Beginnen Sie damit, Ihren Raum von allem zu befreien, was nicht mehr benötigt wird. Dies kann von alten Papieren über nicht mehr genutzte Kleidung bis hin zu überflüssigen Dekorationsgegenständen reichen. Durch das Entfernen dieser Dinge schaffen Sie nicht nur mehr physischen Raum, sondern auch eine klarere, weniger überladene mentale Umgebung. Dieser Prozess kann befreiend wirken und hilft dabei, sich auf das Wesentliche zu konzentrieren und Platz für neue Ideen und Inspirationen zu schaffen.

- **Funktionale Bereiche definieren**

  - Gestalten Sie Ihren Wohnraum so, dass er verschiedene Aktivitäten unterstützt. Richten Sie beispielsweise einen speziellen Arbeitsbereich ein, der frei von Ablenkungen ist, einen gemütlichen Entspannungsbereich zum Lesen oder Meditieren und einen kreativen Bereich, der zum Malen, Schreiben oder anderen kreativen Tätigkeiten einlädt. Diese klare Trennung hilft dabei, sich je nach Bereich auf die jeweilige Aktivität zu konzentrieren.

- **Ordnungssysteme nutzen**

  - Um Ordnung zu halten und gleichzeitig einen schnellen Zugriff auf benötigte Gegenstände zu gewährleisten, sind Regale, Boxen und Ordner unerlässlich. Sie helfen dabei, alles übersichtlich zu organisieren, und tragen zu einem aufgeräumten Gesamtbild bei. Dies fördert nicht nur die Effizienz, sondern auch das allgemeine Wohlbefinden.

- **Persönliche Gegenstände mit Bedeutung**

o Integrieren Sie persönliche Gegenstände, die Ihnen wichtig sind und Sie inspirieren. Dies können Fotos von geliebten Menschen, Kunstwerke, die Sie bewundern, oder kleine Erinnerungsstücke von besonderen Ereignissen sein. Diese Gegenstände verleihen Ihrem Raum eine persönliche Note und dienen als tägliche Inspiration und Motivation.

- **Natürliches Licht und Pflanzen**

o Nutzen Sie natürliches Licht so gut wie möglich und ergänzen Sie Ihren Raum durch Pflanzen. Beides trägt zu einer lebendigen und positiven Atmosphäre bei. Pflanzen verbessern nicht nur die Luftqualität, sondern haben auch eine beruhigende Wirkung und fördern die Konzentration.

- **Farbgestaltung (s. Feng-Shui)**

o Wählen Sie Farben, die eine ruhige und konzentrierte Atmosphäre schaffen und gleichzeitig Ihren persönlichen Stil widerspiegeln. Sanfte, beruhigende Farbtöne können helfen, Stress abzubauen, während lebendige Farben Energie und Kreativität fördern können.

- **Regelmäßige Neugestaltung**

o Ändern Sie gelegentlich die Anordnung Ihrer Möbel oder Dekorationen. Dies bringt frische Energie in Ihren Raum und kann neue Perspektiven eröffnen. Eine Neugestaltung kann auch dazu beitragen, festgefahrene Routinen aufzubrechen und die Kreativität zu stimulieren.

Manifestationsanleit-ungen für verschiedene Lebensbereiche

In diesem Kapitel erfahren Sie, wie Sie durch gezielte Manifestationstechniken positive Veränderungen in verschiedenen Lebensbereichen herbeiführen können. Diese Anleitungen dienen als Basis, um Ihre Ziele und Wünsche systematisch zu verfolgen. Anschließend lernen Sie, wie Sie durch präzise Formulierungstechniken Ihre Manifestationsziele klar und positiv definieren können. Dies ist ein entscheidender Schritt, da die Klarheit und Positivität Ihrer Formulierungen einen direkten Einfluss auf die Wirksamkeit Ihrer Manifestationen haben. Darüber hinaus erhalten Sie wertvolle Einblicke, wie Sie diese Formulierungen an Ihre persönlichen Präferenzen und Stile anpassen können. Dies ermöglicht es Ihnen, Ihre individuelle Note in den Prozess der Manifestation einzubringen und Ihre Ziele noch präziser zu definieren.

Der nächste Teil des Kapitels widmet sich der Integration von Emotionen in Ihre Manifestationsformulierungen. Sie erfahren, wie das bewusste Einbinden von Gefühlen die Intensität und Effektivität Ihrer Manifestationen steigert. Außerdem erlernen Sie die Kunst, geeignete Manifestationsanleitungen auszuwählen und diese an Ihre eigenen Bedürfnisse anzupassen. Hierbei werden Ihnen Kriterien an die Hand gegeben, die Ihnen helfen, die für Sie passenden Anleitungen zu identifizieren und individuell zu gestalten. Abschließend wird die

Kombination verschiedener Anleitungen diskutiert, um eine umfassende und ganzheitliche Herangehensweise an Ihre Manifestationen zu ermöglichen. Dieser Abschnitt zeigt Ihnen, wie Sie durch die Verschmelzung unterschiedlicher Techniken und Ansätze eine tiefgreifende und langanhaltende Wirkung in Ihrem Manifestationsprozess erzielen können. Jeder dieser Schritte trägt dazu bei, Ihre Fähigkeit zur Manifestation zu stärken und Ihnen das Wissen und die Werkzeuge zu vermitteln, um Ihre Träume und Ziele in die Realität umzusetzen.

BEISPIELE FÜR KONKRETE FORMULIERUNGEN VON MANIFESTATIONEN

Sie stehen nun vor dem spannenden Teil, in dem Sie lernen, wie Sie Formulierungstechniken für klare und positive Manifestationsziele meistern. Der erste Schritt hierbei ist, die Klarheit Ihrer Ziele zu gewährleisten. Eine klare Zielsetzung zeichnet sich durch ihre Eindeutigkeit und Spezifität aus. Sie sollten sich daher präzise Gedanken darüber machen, was Sie wirklich erreichen möchten. Vermeiden Sie allgemeine Aussagen, die keinen konkreten Anhaltspunkt bieten. So könnten Sie statt eines allgemeinen Wunsches nach Glück ein spezifisches Ziel formulieren, wie etwa die Verwirklichung einer beruflichen Tätigkeit, die Ihrer Leidenschaft entspricht. Eine genaue Formulierung hilft Ihnen, den Fokus zu bewahren und Ihre Energie gezielt einzusetzen.

Der zweite wesentliche Aspekt ist die Positivität Ihrer Formulierungen. Es ist entscheidend, dass Ihre Zielformulierungen Optimismus und Zuversicht ausdrücken. Verwenden Sie Worte, die ein positives Bild Ihrer Zukunft malen. Anstatt Formulierungen zu wählen, die vermeiden, was Sie nicht wollen, konzentrieren Sie sich auf das, was Sie erreichen möchten.

Beispiel:

Statt „Ich möchte nicht mehr gestresst sein" formulieren Sie es um in: „Ich strebe einen ausgeglichenen und harmonischen Alltag an." Diese positive Ausrichtung hilft dabei, eine optimistische Grundhaltung zu Ihrer Zielsetzung zu bewahren, und motiviert Sie, auf Ihrem Weg voranzuschreiten.

Abschließend ist es wichtig, Negativität in Ihren Formulierungen zu vermeiden, da negative Aussagen unbewusst Hindernisse in Ihrem Denken und Ihrer Wahrnehmung schaffen können. Stattdessen sollten Sie negative Formulierungen durch solche ersetzen, die positive Endziele und Ergebnisse widerspiegeln. Verwandeln Sie beispielsweise „Ich will nicht scheitern" in „Ich werde in meinem Vorhaben erfolgreich sein". Gleichzeitig ist es förderlich, Ihre persönlichen Werte und Überzeugungen in die Formulierungen einzubinden. Dies gibt Ihren Zielen nicht nur eine tiefere Bedeutung, sondern stellt auch eine Verbindung zu Ihren innersten Überzeugungen her. Zum Beispiel, wenn Ihnen Umweltschutz am Herzen liegt, könnten Sie formulieren: „Ich engagiere mich für einen nachhaltigen Lebensstil, der sowohl meiner Gesundheit als auch der Umwelt zugutekommt." Diese Vorgehensweise stellt sicher, dass Ihre Ziele nicht nur klar und positiv, sondern auch tief mit Ihren persönlichen Werten verankert sind.

Anleitung: Wie Sie klare und positive Manifestationsziele effektiv formulieren

- **Definieren Sie Ihre Ziele präzise**

o Nehmen Sie sich Zeit für Reflexion und notieren Sie, was Sie in verschiedenen Bereichen Ihres Lebens erreichen möchten. Seien Sie dabei so konkret wie möglich.

o Vermeiden Sie allgemeine Aussagen. Wenn Ihr Ziel beispielsweise mehr Fitness ist, formulieren Sie es um in „Ich trainiere dreimal pro Woche, um meine Ausdauer und Kraft zu steigern".

o Überlegen Sie, warum Sie dieses Ziel erreichen möchten. Dies festigt Ihre Motivation.

- **Formulieren Sie Ihre Ziele positiv**

  ○ Überarbeiten Sie jedes Ihrer Ziele, um sicherzustellen, dass sie positiv formuliert sind. Konzentrieren Sie sich auf das, was Sie erreichen möchten, nicht darauf, was Sie vermeiden möchten.

  ○ Beispiel: Anstatt „Ich will nicht mehr unsicher sein" formulieren Sie: „Ich arbeite täglich an meinem Selbstbewusstsein und meiner Selbstsicherheit."

  ○ Nutzen Sie bekräftigende und motivierende Worte, um Ihre Ziele zu beschreiben.

- **Eliminieren Sie negative Formulierungen**

  ○ Gehen Sie Ihre Ziele noch einmal durch und ersetzen Sie alle negativen Formulierungen durch positive Aussagen.

  ○ Beispiel: Wandeln Sie „Ich möchte nicht scheitern" um in „Ich werde erfolgreich sein in meinem Vorhaben".

  ○ Auf diese Weise schaffen Sie eine positive Grundhaltung gegenüber Ihren Zielen.

- **Integrieren Sie Ihre persönlichen Werte in die Ziele**

  ○ Fügen Sie jedem Ziel Elemente hinzu, die Ihre persönlichen Werte und Überzeugungen widerspiegeln.

  ○ Beispiel: Wenn Nachhaltigkeit für Sie wichtig ist, könnte Ihr Ziel lauten: „Ich lebe umweltbewusst, indem ich Produkte mit geringer Umweltbelastung kaufe und verwende."

  ○ Durch die Verknüpfung mit Ihren Werten schaffen Sie tiefere persönliche Verbindungen zu Ihren Zielen.

ANPASSUNG VON FORMULIERUNGEN AN PERSÖNLICHE PRÄFERENZEN UND STILE

Nun geht es darum, Ihre individuelle Persönlichkeit in den Prozess einfließen zu lassen. Jeder Mensch hat seine eigene Art, zu denken und zu fühlen, was sich auch in der Sprache widerspiegelt. Daher ist es essenziell, dass Sie Ihre Manifestationsziele so formulieren, dass sie wirklich zu Ihnen passen. Dieser Schritt ist vergleichbar mit der Auswahl eines maßgeschneiderten Anzugs – er muss perfekt sitzen, um seine volle Wirkung zu entfalten. Überlegen Sie, welche Worte und Satzstrukturen Ihnen natürlich erscheinen. Sind Sie jemand, der gerne direkt und auf den Punkt kommt, oder bevorzugen Sie es, Ihre Gedanken in umfassenderen, bildhaften Sätzen auszudrücken? Vielleicht finden Sie es inspirierend, Ihre Ziele mit einem Hauch von Poesie oder spielerischen Elementen zu formulieren. Finden Sie eine Sprache, die Ihre innere Stimme und Ihre einzigartigen Gedankenmuster widerspiegelt.

Ein weiterer wichtiger Punkt ist die emotionale Resonanz Ihrer Formulierungen. Ihre Worte sollten nicht nur Ihren Denkstil, sondern auch Ihre Gefühlswelt ansprechen. Fragen Sie sich: Welche Formulierungen lassen mein Herz höher schlagen? Welche Sätze lösen ein Gefühl der Begeisterung oder der inneren Ruhe in mir aus? Vielleicht fühlen Sie sich von affirmativen Aussagen wie „Ich bin stark und fähig" angesprochen oder bevorzugen ermutigende Fragen wie „Was kann ich heute tun, um meinem Ziel näherzukommen?" Wenn Sie Ihre Formulierungen so anpassen, dass sie Ihre persönlichen Stile und Präferenzen widerspiegeln, schaffen Sie eine tiefere Verbindung zu Ihren Zielen. Dieser Prozess ist ein kreativer und sehr persönlicher, der Ihnen erlaubt, Ihre Manifestationen nicht nur als Technik, sondern als Ausdruck Ihrer einzigartigen Persönlichkeit zu gestalten. So werden Ihre Ziele zu einem integralen Bestandteil Ihres Selbst und gewinnen an Kraft und Bedeutung.

Anleitung: So passen Sie Ihre Formulierungen an

- **Denken Sie über Ihren persönlichen Stil nach**

o Welche Art von Kommunikation erscheint Ihnen am natürlichsten? Sind Sie eher direkt und sachlich oder neigen Sie zu einer bildhaften, metaphorischen Sprache?

o Denken Sie an frühere Situationen, in denen Sie sich besonders gut ausgedrückt haben. Welche Worte und Satzstrukturen haben Sie verwendet?

- **Identifizieren Sie Ihre emotionalen Trigger**

o Welche Worte oder Phrasen haben bei Ihnen starke positive Emotionen hervorgerufen? Welche Formulierungen lassen Sie motiviert, inspiriert oder beruhigt fühlen?

o Schreiben Sie Worte oder Sätze auf, die in Ihnen eine starke Resonanz erzeugen.

- **Experimentieren Sie mit verschiedenen Formulierungen**

o Formulieren Sie Ihre Ziele auf unterschiedliche Weisen und achten Sie darauf, wie sich jede Version anfühlt. Spielen Sie mit der Länge der Sätze und der Wahl der Worte.

o Testen Sie affirmativ formulierte Sätze gegenüber fragenden oder auffordernden Formulierungen und finden Sie heraus, was am besten zu Ihnen passt.

- **Integrieren Sie Ihre Werte und Überzeugungen**

o Denken Sie über Ihre tiefsten Werte und Überzeugungen nach. Wie können diese in die Formulierung Ihrer Ziele einfließen?

o Passen Sie Ihre Ziele so an, dass sie Ihre Werte und Überzeugungen widerspiegeln.

o Beispiel: Wenn Ihnen Nachhaltigkeit wichtig ist, könnten Sie formulieren: „Ich wähle täglich Handlungen, die die Umwelt schützen und fördern."

- **Erstellen Sie Ihre finale Formulierung**

o Nachdem Sie verschiedene Formulierungen ausprobiert haben, wählen Sie die Version, die sich am authentischsten anfühlt und Ihre Emotionen am besten anspricht.

o Ihre finale Formulierung sollte sich stimmig anfühlen und Sie motivieren, Ihre Ziele aktiv zu verfolgen.

INTEGRATION VON EMOTIONEN IN DIE MANIFESTATIONSFORMULIERUNGEN

Die Integration von Emotionen in die Formulierungen von Manifestationszielen verstärkt die Verbindung zwischen Ihren Zielen und Ihrem inneren Selbst. Emotionen sind ein wesentlicher Bestandteil des Unterbewusstseins und beeinflussen Gedanken und Handlungen tiefgreifend. Zunächst gilt es, die Gefühle zu identifizieren, die mit den Zielen verbunden werden sollen. Es ist hilfreich, sich vorzustellen, wie es sich anfühlen würde, das Ziel erreicht zu haben. Die Identifikation dieser Gefühle, wie Freude, Erfüllung, Sicherheit oder Ruhe, aktiviert eine starke innere Motivation und verleiht den Manifestationen Lebendigkeit und Kraft.

Weiterhin ist es wichtig, Emotionen in die Formulierungen der Ziele zu integrieren. Dabei wird nicht nur ausgedrückt, was erreicht werden soll, sondern auch, welche Gefühle dabei angestrebt werden. Formulierungen wie „Ich bin erfüllt und glücklich in meinem Traumberuf" oder „Ich fühle mich ruhig und ausgeglichen durch meine tägliche Yoga-Praxis" verleihen den Zielen emotionale Tiefe. Solche Aussagen helfen dem Geist, eine klare Verbindung zwischen den Zielen und den zugehörigen positiven Gefühlen herzustellen, ähnlich dem Aufbau einer mentalen Brücke zwischen dem aktuellen Zustand und dem angestrebten Zustand.

Das regelmäßige Überdenken und innere Verstehen dieser emotional geladenen Formulierungen ist ebenfalls ein wichtiger Teil des Prozesses. Sich vorzustellen, welche Gefühle entstehen, wenn die Ziele Wirklichkeit werden, verstärkt die emotionale Verbindung zu diesen Zielen und fördert das Gefühl der Erreichbarkeit. Die Methode der Visualisierung ist besonders wirkungsvoll, wenn sie konsequent und mit voller Aufmerksamkeit praktiziert wird. Sie motiviert dazu, aktiv auf die Ziele hinzuarbeiten, indem sie die positiven Emotionen, die mit der Erreichung dieser Ziele verbunden sind, vorwegnimmt.

Als Nächstes folgt eine detaillierte Anleitung, die zeigt, wie Emotionen effektiv in die Formulierungen von Manifestationszielen integriert werden können. Diese Anleitung wird dazu beitragen, Ziele nicht nur zu definieren, sondern sie auch mit tiefen, persönlichen Emotionen zu verknüpfen, um den Prozess der Manifestation zu einem kraftvollen und bereichernden Erlebnis zu machen.

Anleitung: So integrieren Sie Emotionen in Ihre Manifestationsformulierungen

- **Emotionale Zielklärung**

o Beginnen Sie, indem Sie sich Zeit nehmen, um über die Emotionen nachzudenken, die Sie mit Ihren Zielen verbinden möchten. Fragen Sie sich: Welche Gefühle möchte ich erleben, wenn ich mein Ziel erreicht habe?

o Notieren Sie diese Emotionen. Beispielsweise können dies Freude, Erfüllung, Sicherheit oder Ruhe sein.

- **Formulieren Sie Ihre Ziele mit emotionaler Tiefe**

o Überarbeiten Sie Ihre Zielsetzungen, indem Sie die identifizierten Emotionen integrieren.

o Beispiel: Anstatt zu sagen „Ich möchte abnehmen", formulieren Sie es um in: „Ich fühle mich gesund und energiegeladen, wenn ich mein Wunschgewicht erreiche."

o Achten Sie darauf, dass die Formulierungen echt und authentisch klingen und Ihre wahren Gefühle widerspiegeln.

- **Visualisierung der Emotionen**

o Visualisieren Sie regelmäßig Ihre Ziele und konzentrieren Sie sich dabei auf die **verbundenen** Emotionen. Stellen Sie sich lebhaft vor, wie Sie sich fühlen, wenn Sie Ihr Ziel erreicht haben.

o Nutzen Sie diese Visualisierung als Motivation und um eine tiefe Verbindung zu Ihren Zielen zu schaffen.

- **Anpassung und Feinabstimmung**

o Überprüfen Sie Ihre Formulierungen regelmäßig und passen Sie sie an, wenn sich Ihre Emotionen oder Ziele im Laufe der Zeit ändern.

o Seien Sie offen dafür, Ihre Formulierungen zu verfeinern, um sicherzustellen, dass sie stets Ihre aktuellen Emotionen und Ambitionen widerspiegeln.

- **Tägliche Affirmationen**

o Nutzen Sie Ihre emotional geladenen Formulierungen als tägliche Affirmationen. Wiederholen Sie diese täglich, um die Emotionen zu festigen und Ihre Ziele zu verinnerlichen.

AUSWAHL UND ANPASSUNG VON VORGEGEBENEN MANIFESTATIONSANLEITUNGEN

In diesem Kapitel befassen Sie sich mit der Auswahl und Anpassung vorgegebener Manifestationsanleitungen. Die Fülle an verfügbaren Anleitungen kann überwältigend sein, daher ist es essenziell, diejenigen auszuwählen, die am besten zu Ihren individuellen Bedürfnissen und Zielen passen. Beginnen Sie mit einer gründlichen Sichtung der verfügbaren Anleitungen. Lesen Sie jede sorgfältig durch und achten Sie dabei auf die Kernpunkte und Methoden, die in jeder Anleitung vorgestellt werden. Fragen Sie sich, ob die in der Anleitung vorgeschlagenen Techniken und Vorgehensweisen mit Ihren persönlichen Überzeugungen und Ihrem Lebensstil übereinstimmen. Eine Anleitung, die beispielsweise große Disziplin und strikte Routinen erfordert, passt möglicherweise nicht zu jemandem, der einen flexibleren Ansatz bevorzugt.

Ein weiterer wichtiger Punkt bei der Auswahl ist die Überprüfung der Glaubwürdigkeit und des Hintergrunds der Quellen. Es ist ratsam, sich auf Anleitungen von erfahrenen und anerkannten Experten auf dem Gebiet der Manifestation zu verlassen. Recherchieren Sie, welche Erfahrungen andere Menschen mit den jeweiligen Anleitungen gemacht haben. Kundenbewertungen, Forenbeiträge und persönliche

Empfehlungen können dabei hilfreiche Einblicke bieten. Gleichzeitig sollten Sie bedenken, dass eine Anleitung, die für eine Person funktioniert, nicht unbedingt die gleichen Ergebnisse für eine andere bringt. Daher ist es wichtig, offen für Anpassungen zu sein und die Anleitungen so zu modifizieren, dass sie Ihre persönlichen Bedürfnisse und Lebensumstände berücksichtigen.

Die Individualisierung von vorgegebenen Manifestationsanleitungen ist ein Schlüsselschritt, um die Wirksamkeit des Manifestationsprozesses zu maximieren. Jeder Mensch ist einzigartig und daher kann es erforderlich sein, bestehende Anleitungen zu modifizieren, damit sie perfekt zu Ihren persönlichen Zielen, Stärken und Lebensumständen passen. Beginnen Sie damit, die Elemente der Anleitungen zu identifizieren, die Sie ansprechen und die Ihnen sinnvoll erscheinen. Vielleicht finden Sie bestimmte Techniken oder Übungen, die besonders resonant sind. Überlegen Sie dann, wie Sie diese Elemente in Ihren Alltag integrieren können. Es könnte sein, dass Sie die Dauer oder Häufigkeit bestimmter Übungen anpassen müssen, um sie in Ihren Zeitplan einzufügen, oder dass Sie bestimmte Aspekte stärker betonen möchten, die Ihrer Meinung nach für Ihre persönliche Entwicklung entscheidender sind.

Ein weiterer wichtiger Aspekt ist die Kombination verschiedener Anleitungen. Oft ergänzen sich verschiedene Techniken und Ansätze auf sinnvolle Weise. Sie könnten beispielsweise Elemente einer Anleitung, die sich auf mentale Visualisierung konzentriert, mit einer anderen kombinieren, die mehr Wert auf körperliche Übungen oder Affirmationen legt. Die Kombination unterschiedlicher Methoden kann dazu beitragen, ein umfassenderes Manifestationserlebnis zu schaffen. Seien Sie kreativ und experimentierfreudig bei der Zusammenstellung Ihrer persönlichen Manifestationsroutine. Es ist wichtig, dass Sie sich in diesem Prozess wohl fühlen und die Kombination Ihrer Wahl als stimmig empfinden.

Abschließend ist es entscheidend, Ihre angepassten Anleitungen regelmäßig zu überprüfen und bei Bedarf weiter anzupassen. Ihre Bedürfnisse und Umstände können sich im Laufe der Zeit ändern und es ist wichtig, dass Ihre Manifestationspraktiken mit diesen Veränderungen Schritt halten. Seien Sie offen für neue Erkenntnisse und Anpassungen und betrachten Sie dies als einen fortlaufenden Prozess der Selbstentwicklung und des persönlichen Wachstums. Durch die bewusste Auswahl, Anpassung und Kombination von Manifestationsanleitungen schaffen Sie ein Werkzeug, das nicht nur wirksam, sondern auch tief mit Ihrem persönlichen Lebensweg verwoben ist.

Übersicht: So passen Sie vorgegebene Manifestationsanleitungen an

- **Auswahl geeigneter Anleitungen**

o Sichten und Lesen der verfügbaren Anleitungen

o Überprüfung, ob die Techniken und Methoden den persönlichen Überzeugungen und dem Lebensstil entsprechen

o Bewertung der Glaubwürdigkeit und des Hintergrunds der Quellen

o Berücksichtigung von Erfahrungen anderer Personen mit den Anleitungen

- **Anpassung der Anleitungen**

o Identifikation ansprechender Elemente in den Anleitungen

o Integration passender Techniken und Übungen in den eigenen Alltag

o Modifikation der Dauer, Häufigkeit oder Betonung einzelner Übungen nach persönlichen Bedürfnissen

- **Kombination unterschiedlicher Anleitungen**

o Auswahl komplementärer Techniken aus verschiedenen Anleitungen

o Schaffung einer umfassenden Manifestationsroutine durch kreative Kombination

o Anpassung der Routine an persönliches Wohlbefinden und Stimmigkeit

- **Regelmäßige Überprüfung und Anpassung**

o Kontinuierliche Überprüfung der Anpassungen und der Fortschritte

o Anpassung der Praktiken an Veränderungen in den persönlichen Umständen

o Offenheit für neue Erkenntnisse und fortlaufende Anpassungen

Die 90-Tage-Challenge

Sie stehen nun am Anfang einer aufregenden Reise – der 90-Tage-Challenge zur bewussten Gestaltung Ihres Lebens. Diese Herausforderung ist sorgfältig darauf ausgerichtet, Ihnen die Werkzeuge und Techniken für eine effektive Manifestation Ihrer Wünsche und Ziele zu vermitteln. Der strukturierte 90-Tage-Plan ist in drei Hauptphasen gegliedert, wobei jede Phase spezifische Schwerpunkte und Übungen beinhaltet.

Die erste Phase konzentriert sich auf die Einführung grundlegender Manifestationstechniken und das Setzen klarer, persönlicher Ziele. In dieser Anfangsphase lernen Sie, wie Sie durch tägliche Affirmationen, Visualisierungen und Dankbarkeitsübungen eine positive Grundhaltung aufbauen und Ihre Gedanken auf Ihre Wünsche ausrichten können.

In der zweiten Phase vertiefen Sie die erlernten Techniken und beginnen, diese gezielt für spezifische Lebensbereiche wie Beruf, Beziehungen oder persönliches Wachstum anzuwenden. Diese Phase hilft Ihnen dabei, Ihre neu erworbenen Fähigkeiten in praktischen Szenarien zu testen und zu verfeinern.

Die dritte und letzte Phase konzentriert sich darauf, die Praktiken zu festigen und in Ihren Alltag zu integrieren. In dieser Phase werden Sie dazu ermutigt, auf den bisherigen Erfahrungen aufzubauen und Ihre Manifestationsfähigkeiten weiter zu stärken, um langfristige Veränderungen zu bewirken.

Die kontinuierliche Umsetzung während der Challenge spielt eine zentrale Rolle für Ihren Erfolg. Ein regelmäßiger und disziplinierter Ansatz bildet das Fundament für signifikante und nachhaltige Veränderungen in Ihrem Leben. Jede durchgeführte Übung, jede etablierte

Routine und jede Reflexionssitzung markiert einen entscheidenden Schritt auf dem Weg zur bewussten Gestaltung Ihres Lebens. Durch das tägliche Engagement in diesen Praktiken verstärken Sie nicht nur Ihre Fähigkeiten in der Manifestation, sondern gewinnen auch ein intensiveres Verständnis für sich selbst und Ihre eigentlichen Ziele.

Die 90-Tage-Challenge ist Ihr persönlicher Pfad der Selbstentdeckung und -verwirklichung. Sie sind eingeladen, sich dieser Herausforderung mit Offenheit und Engagement zu stellen, um das volle Potenzial Ihres Lebens zu entfalten.

BEVOR ES LOSGEHT: IHRE TÄGLICHE DANKBARKEITS- UND AFFIRMATIONSPRAXIS

Dankbarkeit und Affirmationen sind zentrale Elemente auf Ihrem Weg zur erfolgreichen Selbstverwirklichung und bewussten Lebensgestaltung. Beginnen Sie Ihren Tag mit einer Praxis der Dankbarkeit, um eine grundlegend positive Einstellung zum Leben zu fördern. Wenn Sie sich am Morgen Zeit nehmen, um das, wofür Sie dankbar sind, zu erkennen und anzuerkennen, fördern Sie eine Haltung der Wertschätzung und des positiven Denkens. Diese Einstellung bereitet Sie optimal auf die Wirkung der Affirmationen vor.

Betrachten Sie Ihre morgendlichen Affirmationen als einen wesentlichen Bestandteil Ihrer Routine, der Ihnen hilft, den Tag mit Klarheit, Zuversicht und Selbstvertrauen zu beginnen. Es geht darum, diese positiven Aussagen nicht nur auszusprechen, sondern sich auch bewusst Zeit zu nehmen, um ihre Bedeutung zu erfassen und zu internalisieren. Dies trägt dazu bei, eine optimistische und zielgerichtete Grundstimmung für den ganzen Tag zu schaffen.

Abends bieten Ihnen die gleichen Affirmationen die Gelegenheit, den Tag in Ruhe zu bedenken und sich auf einen weiteren erfolgreichen Tag vorzubereiten. In diesem Augenblick können Sie die Ereignisse des Tages verarbeiten und Ihre Gedanken positiv auf Ihr Ziel ausrichten. Die abendliche Wiederholung der Affirmationen, eingebettet in Dankbarkeit, stärkt Ihre Überzeugungen und Ihr Selbstbewusstsein und hilft Ihnen, eine positive Sichtweise auf Ihre Erlebnisse und Ziele zu bewahren.

Die regelmäßige und bewusste Wiederholung dieser Praktiken, beginnend mit Dankbarkeit und gefolgt von Affirmationen, ist der Schlüssel zu ihrer Wirksamkeit. Ihre Dankbarkeits- und Affirmationspraxis wird so zu einem festen Bestandteil Ihres Weges, um Ihre Träume und Ziele zu manifestieren.

Nutzen Sie die folgende Dankbarkeits- und Affirmationspraxis, um Ihre persönlichen Manifestationsziele zu verwirklichen:

Anleitung: Die tägliche Dankbarkeitspraxis

- Beginnen Sie Ihren Tag mit einem ruhigen Moment, gerade wenn die Welt noch schläft und alles still ist. Nachdem Sie aufgestanden sind, suchen Sie sich einen Platz, der sich für Sie persönlich anfühlt wie eine kleine Oase der Ruhe.

- Halten Sie Ihr Dankbarkeitstagebuch und einen Stift bereit. Dieses Buch ist Ihr persönlicher Schatz, ein Raum nur für die Dinge, für die Sie dankbar sind. Nehmen Sie sich einen Moment Zeit, tief durchzuatmen. Fühlen Sie mit jedem Atemzug, wie sich Ihr Geist klärt und Sie mehr und mehr im Hier und Jetzt ankommen.

- Denken Sie nun über drei Dinge nach, die Ihr Herz heute mit Dankbarkeit erfüllen. Es müssen keine großen Dinge sein; oft sind es die kleinen Momente, die unser Leben bereichern. Vielleicht ist es der warme Kaffee am Morgen, der sanfte Duft der frischen Morgenluft oder ein Lächeln, das jemand mit Ihnen geteilt hat.

- Nehmen Sie sich die Zeit, jedes dieser Dinge in Ihr Tagebuch zu schreiben. Beschreiben Sie, warum Sie dafür dankbar sind, spüren Sie, wie sich die Wärme dieser Dankbarkeit in Ihnen ausbreitet. Zum Beispiel könnten Sie schreiben: „Ich bin dankbar für meinen Morgenkaffee, der mir jeden Tag ein Gefühl von Komfort und Routine gibt."

• Nachdem Sie diese Gedanken festgehalten haben, halten Sie inne und lassen Sie das Gefühl der Dankbarkeit in sich wirken. Überlegen Sie, wie diese kleinen Dinge Ihr Leben schöner und reicher machen.

• Beenden Sie Ihre Dankbarkeitspraxis mit einigen tiefen, bewussten Atemzügen. Nehmen Sie sich diesen Moment der Stille und des positiven Bewusstseins, um sanft in Ihre Affirmationspraxis überzugehen. Mit dieser Grundlage der Dankbarkeit werden Ihre Affirmationen noch kraftvoller sein. Sie starten Ihren Tag nicht nur mit einem Gefühl der Dankbarkeit, sondern auch mit einer positiven, offenen Einstellung, bereit für alles, was der Tag bringt.

Anleitung: Die tägliche Affirmationspraxis

• Wählen Sie drei oder mehr Affirmationen aus, die positive und motivierende Botschaften zu Ihrem Thema beinhalten. Als Beispiel werden im Rahmen der Challenge die Themen Selbstliebe, Erfolg und persönliche Ziele behandelt.

• Beispielaffirmationen:

o „Ich bin fähig und stark."

o „Jeder Schritt bringt mich meinem Ziel näher."

o „Ich verdiene Glück und Erfolg in meinem Leben."

• Beginnen Sie mit einigen tiefen, bewussten Atemzügen, um sich noch einmal zu erden und sich mental auf die Praxis vorzubereiten.

• Sprechen Sie jede Ihrer ausgewählten Affirmationen laut aus. Achten Sie auf eine angenehme Lautstärke, bei der Sie sich selbst gut hören können.

• Wiederholen Sie jede Affirmation fünf- bis zehnmal. Jedes Mal, wenn Sie die Affirmation aussprechen, wird ihre Bedeutung tiefer in Ihrem Bewusstsein verankert. Idealerweise sind Sie nun tief in der Konzentration versunken, ganz bei den Worten und ihrer tieferen Bedeutung.

• Nehmen Sie sich nach jeder Wiederholung einen Moment Zeit, um wirklich zu fühlen, wie die Botschaft der Affirmation Ihr inneres Empfinden beeinflusst. Visualisieren Sie, wie die positiven Zustände, die durch die Affirmationen vermittelt werden, in Ihrem Leben Wirklichkeit werden. Das tiefe Fühlen dieser Worte ist entscheidend, da es die Verbindung zwischen den Affirmationen und Ihrem Unterbewusstsein stärkt.

DIESE ÜBUNGEN WERDEN SIE BRAUCHEN

In der 90-Tage-Challenge steht Ihnen ein gezielter Ablauf zur Verfügung, der Sie durch verschiedene Stufen der Übungen und Meditationen führt. Diese Struktur ist darauf ausgelegt, Ihre Fähigkeiten im Bereich der Manifestation systematisch zu erweitern und zu vertiefen.

Zu Beginn der Challenge, in den ersten beiden Wochen, konzentrieren Sie sich auf die „Manifestationsübung 1" und „Fokusmeditation 1". Diese Einstiegsübungen dienen dazu, Ihnen die Grundlagen der Manifestation näherzubringen. Sie sind als Fundament gedacht, auf dem Sie Ihre Fähigkeit, Ihre Gedanken zu lenken und bewusst Ihre Realität zu gestalten, aufbauen.

In den darauffolgenden zwei Wochen, also in Woche 3 und 4, steigern Sie Ihr Niveau mit der „Manifestationsübung 2" und „Fokusmeditation 2". Diese weiterführenden Übungen bauen auf dem Erlernten auf und vertiefen Ihre Praxis. Hierbei wird der Fokus darauf gelegt, Ihre Fähigkeiten zur Manifestation zu schärfen und effektiver zu machen.

In Woche 5 und 6 erreichen Sie dann die dritte Ebene der Übungen: „Manifestationsübung 3" und „Fokusmeditation 3". Diese sind darauf ausgerichtet, Ihre Manifestationspraxis zu intensivieren. Sie lernen, Ihre intuitiven und kreativen Fähigkeiten stärker zu nutzen und Ihre Manifestationen wirkungsvoller zu gestalten.

Nachdem Sie diese sechs Wochen absolviert haben, beginnen Sie erneut mit den Einstiegsübungen. In Woche 7 und 8 beschäftigen Sie sich wieder mit der „Manifestationsübung 1" und „Fokusmeditation

1". Dieser zyklische Ablauf ermöglicht es Ihnen, das Gelernte zu festigen, zu verfeinern und aus neuen Blickwinkeln zu betrachten.

Diese Abfolge der Übungen ist speziell konzipiert, um eine kontinuierliche Entwicklung zu gewährleisten, ohne dabei das Gefühl der Überforderung aufkommen zu lassen. Durch das regelmäßige Praktizieren dieser Übungen entwickeln Sie nicht nur Ihre Manifestationsfähigkeiten weiter, sondern gewinnen auch tiefergehende Einblicke in Ihre eigenen Ziele und Bestrebungen.

Anleitung: Manifestationsübung 1

- **Finden Sie einen ruhigen Ort**

  o Beginnen Sie Ihre Übung, indem Sie einen ruhigen und ungestörten Ort aufsuchen. Ein Ort, an dem Sie sich wohl und entspannt fühlen, ist ideal. Schalten Sie alle Ablenkungen aus, um sich voll und ganz auf die Übung konzentrieren zu können.

- **Entspannen Sie Körper und Geist**

  o Setzen oder legen Sie sich bequem hin. Schließen Sie die Augen und nehmen Sie einige tiefe, ruhige Atemzüge. Konzentrieren Sie sich auf Ihren Atem und lassen Sie mit jedem Ausatmen Anspannungen und Stress los. Versuchen Sie, Ihren Körper und Geist in einen Zustand tiefer Entspannung zu bringen.

- **Formulieren Sie Ihr Ziel positiv**

  o Nehmen Sie sich einen Moment Zeit, um Ihr Ziel klar und positiv zu formulieren. Stellen Sie sicher, dass Ihre Formulierung positiv, in der Gegenwartsform und einfach ist. Beispielsweise könnten Sie statt „Ich will nicht mehr gestresst sein" besser formulieren: „Ich bin ruhig und gelassen." Sie können diese Formulierung entweder in Gedanken halten, laut aussprechen oder aufschreiben. Versuchen Sie dabei, eine emotionale Verbindung zu Ihrem Ziel herzustellen.

- **Visualisieren Sie Ihr Ziel**

o Stellen Sie sich vor, wie es sich anfühlt, Ihr Ziel bereits erreicht zu haben. Versuchen Sie, die Emotionen, die damit verbunden sind, intensiv zu erleben. Je lebendiger und detaillierter Sie sich Ihr Ziel vorstellen können, desto wirkungsvoller ist die Übung.

- **Verstärken Sie Ihre Vorstellung**

o Während Sie sich Ihr Ziel vorstellen, intensivieren Sie die damit verbundenen positiven Gefühle. Spüren Sie die Freude, den Stolz und die Zufriedenheit, die sich aus der Erfüllung Ihres Ziels ergeben.

- **Beenden Sie die Übung positiv**

o Beenden Sie die Übung, indem Sie nochmals tief ein- und ausatmen. Öffnen Sie dann langsam Ihre Augen und nehmen Sie sich einen Moment, um sich wieder auf die Gegenwart zu fokussieren. Gehen Sie mit einem Gefühl der Zuversicht und der positiven Erwartung in den Tag.

Anleitung: Manifestationsübung 2

- **Wählen Sie einen inspirierenden Ort**

o Für diese fortgeschrittene Übung suchen Sie einen Ort, der Sie inspiriert und energetisch unterstützt. Dies kann ein besonderer Platz in der Natur, ein Raum mit beruhigender Atmosphäre oder jeder andere Ort sein, der positive Energie ausstrahlt. Sollte Ihnen dies nicht möglich sein, nutzen Sie Ihre Vorstellungskraft und versetzen Sie sich gedanklich an einen passenden Ort.

- **Vertiefen Sie Ihre Entspannung**

o Finden Sie eine bequeme Position und schließen Sie die Augen. Führen Sie eine Tiefenentspannung durch, indem Sie Ihren Körper von Kopf bis Fuß bewusst entspannen. Konzentrieren Sie sich auf jede Körperregion und lassen Sie bewusst los. Nutzen Sie tiefe Atemzüge, um in einen noch tieferen Entspannungszustand zu gelangen.

- **Präzisieren Sie Ihr Ziel**

o Formulieren Sie Ihr Ziel nun präziser und detaillierter. Was genau möchten Sie erreichen? Wie sieht der ideale Zustand aus? Versuchen

Sie, Ihr Ziel so konkret wie möglich zu beschreiben. Notieren Sie es eventuell, um es noch greifbarer zu machen.

- **Erstellen Sie eine mentale Bildergalerie**

  o Beginnen Sie, in Ihrer Vorstellung eine Bildergalerie zu Ihrem Ziel zu erstellen. Stellen Sie sich verschiedene Szenen vor, in denen Ihr Ziel bereits erreicht ist. Versuchen Sie, unterschiedliche Aspekte Ihres Ziels in diesen Szenen zu visualisieren.

• **Integrieren Sie Emotionen und Sinne**

o Binden Sie in Ihre Visualisierung nicht nur Emotionen, sondern auch sensorische Details ein. Wie fühlt es sich an, Ihr Ziel erreicht zu haben? Gibt es Gerüche, Geräusche oder Geschmäcker, die damit verbunden sind? Je lebendiger und multisensorischer Ihre Vorstellung ist, desto intensiver wird die Übung.

• **Nutzen Sie positive Affirmationen**

o Verbinden Sie Ihre Visualisierung mit kraftvollen, positiven Affirmationen. Sagen Sie diese laut oder in Gedanken, während Sie Ihre Visualisierung durchführen. Wählen Sie Affirmationen, die Ihr Ziel bestärken und Ihre Überzeugung in dessen Erreichung festigen.

• **Beenden Sie die Übung mit Dankbarkeit**

o Beenden Sie Ihre Übung, indem Sie sich für die bereits vorhandenen Fortschritte und die Möglichkeit der Zielverwirklichung dankbar zeigen. Dies erhöht das Gefühl der Wertschätzung und fördert eine positive Einstellung. Nehmen Sie sich dann einen Moment Zeit, um langsam in den Alltag zurückzukehren.

Anleitung: Manifestationsübung 3

• **Schaffen Sie eine inspirierende Umgebung**

o Bereiten Sie auch hier eine Umgebung vor, die Ihre Manifestation unterstützt und Sie inspiriert. Dies kann ein Raum mit Gegenständen sein, die Ihre Ziele symbolisieren, oder ein besonderer Platz in der Natur. Stellen Sie sicher, dass Sie ungestört sind. Auch hier gilt: Suchen Sie diesen Ort in Ihrer Vorstellung auf, falls nicht anders möglich.

• **Vertiefen Sie Ihre Entspannung und Konzentration**

o Finden Sie eine bequeme Position und beginnen Sie mit einer tiefen Atemübung zur Entspannung. Konzentrieren Sie sich auf Ihren Atem:

➢ Atmen Sie tief durch die Nase ein, halten Sie den Atem für einen Moment und atmen Sie langsam und vollständig durch den Mund aus.

➢ Stellen Sie sich vor, wie mit jedem Atemzug Anspannung und Ablenkungen Ihren Körper verlassen.

➢ Wiederholen Sie dies für einige Minuten, bis Sie sich vollständig entspannt und konzentriert fühlen.

- **Definieren Sie Ihr Ziel und dessen Bedeutung**

o Formulieren Sie Ihr Ziel noch präziser als zuvor und erkunden Sie seine tiefere Bedeutung.

➢ Warum ist dieses Ziel wichtig für Sie?

➢ Was wird es in Ihrem Leben verändern?

- **Nutzen Sie kreative Visualisierungstechniken**

o Stellen Sie sich vor, Ihr Ziel sei bereits erreicht. Erzeugen Sie ein detailliertes mentales Bild, das nicht nur das Ziel selbst, sondern auch die damit verbundenen Emotionen und Erfahrungen umfasst. Lassen Sie Ihrer Kreativität freien Lauf und erschaffen Sie eine reiche, lebendige mentale Landschaft.

- **Verbinden Sie Ihre Vision mit körperlichen Empfindungen**

o Integrieren Sie körperliche Empfindungen in Ihre Visualisierung:

➢ Wie fühlt es sich physisch an, Ihr Ziel erreicht zu haben?

➢ Welche Körperhaltung nehmen Sie ein?

➢ Wie verändert sich Ihre Atmung?

➢ Verstärken Sie das Erlebnis, indem Sie Ihre gesamte körperliche Präsenz einbeziehen.

- **Stärken Sie Ihre Affirmationen mit Handlungen**

o Fügen Sie Ihren Affirmationen kleine Handlungen hinzu, die Ihr Ziel symbolisieren. Dies können Gesten, Bewegungen oder sogar das Aufschreiben Ihrer Affirmationen sein. Diese physischen Handlungen verstärken die Kraft Ihrer Affirmationen.

- **Schließen Sie mit einer Reflexion und Dankbarkeit**

o Beenden Sie Ihre Übung mit einer Reflexion über die durchgeführten Schritte und die Bedeutung Ihres Ziels. Drücken Sie Dankbarkeit für Ihre Fortschritte und die Möglichkeit der Zielverwirklichung aus. Öffnen Sie danach langsam Ihre Augen und kehren Sie in Ihr normales Bewusstsein zurück, während Sie die Energie und Motivation der Übung mit in den Tag nehmen.

Anleitung: Fokusmeditation 1

Audiodatei 2

- **Beginnen Sie mit bewusster Atmung**

o Schließen Sie die Augen, um sich von äußeren Ablenkungen zu lösen. Fokussieren Sie sich auf Ihren Atem. Atmen Sie ruhig und gleichmäßig durch die Nase ein und durch den Mund aus. Spüren Sie, wie jeder Atemzug Ihren Körper entspannt und Ihre Gedanken zur Ruhe kommen.

- **Zentrieren Sie Ihre Aufmerksamkeit**

o Konzentrieren Sie sich auf einen Punkt in der Mitte Ihrer Stirn, den sogenannten „Drittes Auge"-Bereich. Halten Sie Ihre Aufmerksamkeit sanft, aber bestimmt auf diesen Punkt gerichtet. Wenn Ihre Gedanken abschweifen, lenken Sie sie sanft zurück zu diesem Fokuspunkt.

- **Verweilen Sie in der Stille**

o Bleiben Sie für einige Minuten in dieser fokussierten Stille. Erlauben Sie sich, in diesem Zustand der Ruhe zu verweilen, ohne etwas zu erzwingen oder zu erwarten. Nehmen Sie einfach den Moment wahr, wie er ist.

- **Beenden Sie die Meditation langsam**

o Bevor Sie die Meditation beenden, nehmen Sie noch einmal einige tiefe Atemzüge. Öffnen Sie langsam Ihre Augen und geben Sie sich einen Moment, um wieder in Ihre Umgebung zurückzukehren. Nehmen Sie das Gefühl der Ruhe und Konzentration mit in Ihren Tag.

Anleitung: Fokusmeditation 2

Audiodatei 3

- **Vertiefen Sie Ihre Atmung**

o Schließen Sie Ihre Augen, um externe Reize zu minimieren. Atmen Sie tief und bewusst ein und aus. Konzentrieren Sie sich darauf, wie sich Ihre Lunge mit Luft füllt und wie Sie wieder ausatmen. Fühlen Sie, wie mit jedem Atemzug Entspannung Ihren Körper durchströmt.

- **Visualisieren Sie einen ruhigen Ort**

o Stellen Sie sich in Ihrer Vorstellung einen Ort vor, an dem Sie vollkommen entspannt und friedlich sind. Dies kann ein realer oder ein imaginärer Ort sein. Visualisieren Sie die Details dieses Ortes – die Farben, Geräusche, Gerüche und wie Sie sich dort fühlen.

- **Fokussieren Sie sich auf Ihre innere Ruhe**

o Während Sie an diesem imaginären Ort verweilen, achten Sie auf das Gefühl innerer Ruhe und Gelassenheit. Versuchen Sie, dieses Gefühl zu vertiefen und auszudehnen. Wenn Gedanken auftauchen, lassen Sie sie vorbeiziehen und kehren Sie zurück zu Ihrem ruhigen Ort.

- **Beenden Sie die Meditation behutsam**

o Um die Meditation abzuschließen, richten Sie Ihre Aufmerksamkeit langsam zurück auf Ihre Umgebung. Öffnen Sie behutsam die Augen und geben Sie sich einen Moment, um die Erfahrung wirken zu lassen. Nehmen Sie das Gefühl der Ruhe mit in den weiteren Tag.

Anleitung: Fokusmeditation 3

Audiodatei 4

- **Konzentrieren Sie sich auf den Atem**

o Beginnen Sie damit, Ihre Atmung bewusst wahrzunehmen. Atmen Sie tief ein und langsam aus. Spüren Sie, wie jeder Atemzug Sie tiefer in einen Zustand der Entspannung führt. Lassen Sie mit jedem Ausatmen Anspannung und Sorgen los.

- **Visualisieren Sie einen Energiefluss**

o Stellen Sie sich vor, wie mit jedem Atemzug positive Energie in Ihren Körper strömt und sich im Bereich Ihres Herzens sammelt. Visualisieren Sie, wie diese Energie sich mit jedem Atemzug intensiviert und Ihren ganzen Körper mit positiver Kraft erfüllt.

- **Fokussieren Sie sich auf ein persönliches Ziel**

o Richten Sie nun Ihre Aufmerksamkeit auf ein persönliches Ziel oder einen Wunsch. Visualisieren Sie, wie die gesammelte Energie dieses

Ziel nährt und verstärkt. Stellen Sie sich vor, wie Ihr Ziel Wirklichkeit wird, und spüren Sie die damit verbundenen Gefühle.

- **Kehren Sie langsam zurück**

o Um die Meditation zu beenden, lenken Sie Ihre Aufmerksamkeit langsam zurück zu Ihrem Körper und Ihrer Umgebung. Öffnen Sie die Augen, wenn Sie sich bereit fühlen, und nehmen Sie sich einen Moment Zeit, um die erlebte Erfahrung zu verinnerlichen. Gehen Sie mit dem Gefühl der Klarheit und der Stärkung Ihres Ziels in den Tag.

WOCHE 1 – GRUNDLAGEN DER MANIFESTATION

Tag 1

Stichwort des Tages: Die Kraft Ihrer Gedanken

Die Kraft der Gedanken ist der Ursprung aller Schöpfung. Alles, was Sie sich vorstellen können, ist auch erreichbar. Diese Sichtweise hebt die immense Kraft hervor, die in Ihren Gedanken und Ihrer Vorstellungskraft liegt. Sie macht darauf aufmerksam, dass Ihre Gedanken die Fähigkeit besitzen, Ihre Realität zu formen und zu gestalten. Die Erkenntnis, dass Ihre Gedanken und Überzeugungen Ihre Ziele und Träume verwirklichen können, ist ein fundamentales Element der Manifestation.

Tageszeit	Aktivität	Beschreibung
Morgen	Dankbarkeitspraxis	
	Affirmationspraxis	
Mittag	Manifestations-übung	Manifestationsübung 1
	Fokusmeditation	Fokusmeditation 1
Abend	Tagesreflexion	Reflexionsfragen:

„Inwiefern haben meine Gedanken heute meine Einstellung und Handlungen beeinflusst?“
„Welche Affirmationen haben heute besonders stark bei mir resoniert und warum?“

Affirmationspraxis

Tipp des Tages: Nehmen Sie sich heute Zeit, um über die tiefgreifende Verbindung zwischen Ihren Gedanken und der Realität, die Sie umgibt, nachzudenken. Ihre Gedanken sind nicht nur passive Reflexionen Ihrer Erfahrungen, sondern aktive Schöpfer Ihrer Lebensumstände. Überlegen Sie, wie Sie durch bewusstes Denken und positive Mentalität Veränderungen in Ihrem Leben herbeiführen können. Fragen Sie sich: „Welche Gedankenmuster habe ich, die meine aktuelle Situation beeinflussen?“ und „Wie kann ich meine Gedanken so lenken, dass sie mich meinen Zielen näherbringen?“ Denken Sie daran, dass jeder Gedanke, den Sie hegen, das Potenzial hat, Ihre Zukunft zu formen. Nutzen Sie diese Erkenntnis, um bewusst positive und ermächtigende Gedanken zu kultivieren, die Sie auf Ihrem Weg zum Erfolg unterstützen.

Tag 2

Stichwort des Tages: Gedanken als Samenkörner

Wie ein Gärtner, der sorgsam seine Samen auswählt, sollten Sie auch bewusst entscheiden, welche Gedanken Sie kultivieren möchten. Gedanken, die mit Sorgfalt und Positivität gepflanzt werden, können zu wünschenswerten und erfüllenden Ergebnissen in Ihrem Leben führen. Die Metapher betont die Bedeutung einer achtsamen Geisteshaltung und ermutigt dazu, Gedanken zu wählen, die eine nährende und unterstützende Umgebung für Ihre persönlichen Ziele und Träume schaffen.

Tageszeit	Aktivität	Beschreibung
Morgen	Dankbarkeitspraxis	
	Affirmationspraxis	
Mittag	Manifestations-übung	Manifestationsübung 1
	Fokusmeditation	Fokusmeditation 1
Abend	Tagesreflexion	Reflexionsfragen: „Welche Gedanken haben heute meine Entscheidungen beeinflusst?" „Wie haben meine Affirmationen heute meine Einstellung geformt?"
	Affirmationspraxis	

Tipp des Tages: Jeder Gedanke, den Sie hegen, legt den Grundstein für Ihre Erfahrungen und Entscheidungen. Indem Sie positiv und zielgerichtet denken, stellen Sie die Weichen für eine hoffnungsvolle und erfolgreiche Zukunft. Negative Gedankenmuster können hingegen hinderlich sein, also achten Sie darauf, diese durch konstruktive und ermutigende Gedanken zu ersetzen. Diese Praxis der bewussten Gedankenwahl ermöglicht es Ihnen, aktiv die Richtung Ihres Lebensweges zu gestalten.

Tag 3

Stichwort des Tages: Das Potenzial Ihres Geistes

Erkennen Sie die Potenziale Ihres Geistes bewusst an. Fragen Sie sich, ob Ihre Gedanken Barrieren errichten, die Ihre Entwicklung einschränken, oder ob sie Pfade zu neuen Möglichkeiten eröffnen. Nutzen Sie diese Einladung, um die Macht Ihrer Gedanken zu aktivieren und aktiv Ihre Realität zu gestalten, um Ihre Ziele zu erreichen.

Tageszeit	Aktivität	Beschreibung

Morgen	Dankbarkeitspraxis Affirmationspraxis	
Mittag	Manifestations-übung	Manifestationsübung 1
	Fokusmeditation	Fokusmeditation 1
Abend	Tagesreflexion	Reflexionsfragen: „Welche mentalen Barrieren habe ich heute überwunden?" „Wie haben meine Gedanken heute meine Handlungen beeinflusst und zu positiven Ergebnissen geführt?"
	Affirmationspraxis	

Tipp des Tages: Nutzen Sie den Tag, um sich der Macht Ihrer Gedanken bewusst zu werden. Überlegen Sie, wie Sie durch bewusstes Denken Brücken zu Ihren Zielen und Träumen bauen können. Jeder Gedanke hat die Kraft, Ihre Realität zu formen. Achten Sie darauf, positive und ermächtigende Gedanken zu wählen, die Ihre Reise unterstützen und bereichern.

Tag 4

Stichwort des Tages: Ihre Überzeugungen und die Realität

Die Art und Weise, wie Sie die Welt und sich selbst betrachten, beeinflusst direkt Ihre Erfahrungen und Ihre Lebenswirklichkeit. Wenn Sie an Ihre Fähigkeiten und das Potenzial positiver Ergebnisse glauben, öffnen Sie sich für Möglichkeiten und Erfolge. Im Gegensatz dazu können einschränkende Überzeugungen Hindernisse erschaffen, die schwer zu überwinden sind. Prüfen Sie Ihre Glaubenssätze sorgfältig und lenken Sie sie bewusst in eine Richtung, die ein erfüllendes und erfolgreiches Leben fördert.

Tageszeit	Aktivität	Beschreibung

Morgen	Dankbarkeitspraxis Affirmationspraxis	
Mittag	Manifestations- übung	Manifestationsübung 1
	Fokusmeditation	Fokusmeditation 1
Abend	Tagesreflexion	Reflexionsfragen: „Welche meiner Überzeugungen haben heute meine Handlungen geleitet?“ „Inwiefern haben meine Überzeugungen heute meine Erfahrungen beeinflusst?“
	Affirmationspraxis	

Tipp des Tages: Überlegen Sie, wie Ihre Überzeugungen Ihr tägliches Leben formen. Identifizieren Sie Überzeugungen, die Ihre Ziele unterstützen, und solche, die möglicherweise überarbeitet werden müssen. Bewusst gewählte Überzeugungen können als kraftvolle Katalysatoren für positive Veränderungen in Ihrem Leben dienen.

Tag 5

Stichwort des Tages: Ihre Gedanken formen Ihre Zukunft

Mit den Ideen und Überlegungen, die Sie gegenwärtig pflegen, legen Sie den Grundstein für das, was kommen wird. Setzen Sie sich aktiv und bewusst mit Ihren gegenwärtigen Gedanken auseinander, um die Realität von morgen so zu formen, wie Sie es sich wünschen. Im Kern steht die Erkenntnis, dass die bewusste Nutzung Ihrer gegenwärtigen Gedanken entscheidend ist, um eine zukunftsträchtige und erfolgreiche Realität zu kreieren.

Tageszeit	Aktivität	Beschreibung
Morgen	Dankbarkeitspraxis Affirmationspraxis	

Mittag	Manifestations-übung	Manifestationsübung 1
	Fokusmeditation	Fokusmeditation 1
Abend	Tagesreflexion	Reflexionsfragen: „Wie haben meine heutigen Gedanken meine Zukunftsvision beeinflusst?" „Welche Schritte kann ich unternehmen, um meine heutigen Gedanken positiv zu gestalten?"
	Affirmationspraxis	

Tipp des Tages: Nutzen Sie die Kraft Ihrer Gedanken, um eine Vision Ihrer Zukunft zu erstellen. Bedenken Sie, dass jede Entscheidung und jeder Gedanke von heute das Potenzial haben, Ihre zukünftige Realität zu formen. Achten Sie darauf, Gedanken zu wählen, die Sie auf Ihrem Weg zu Erfolg und Erfüllung unterstützen.

Tag 6

Thema des Tages: Mentale Schritte gestalten die Realität

Heute geht es darum, die Bedeutung Ihrer mentalen Schritte für Ihren Lebensweg zu erkennen. Wenn Sie sich auf konstruktive und zielgerichtete Gedanken konzentrieren, legen Sie das Fundament für positive Entwicklungen und Erfolge. Es ist eine Einladung, sich der Richtung bewusst zu sein, in die Ihre Gedanken Sie führen, und aktiv Einfluss darauf zu nehmen.

Tageszeit	Aktivität	Beschreibung
Morgen	Dankbarkeitspraxis	
	Affirmationspraxis	
Mittag	Manifestations-übung	Manifestationsübung 1
	Fokusmeditation	Fokusmeditation 1

Abend	Tagesreflexion	Reflexionsfragen: „Welche Auswirkungen hatten meine Gedanken heute auf meine Tagesziele?“ „Wie kann ich meine Gedanken weiterhin positiv ausrichten?“
	Affirmationspraxis	

Tipp des Tages: Überlegen Sie heute, wie jeder Ihrer Gedanken einen Schritt auf Ihrem Weg darstellt. Stellen Sie sich vor, wie jeder positive Gedanke einen Stein auf dem Pfad zu Ihren Zielen und Träumen legt. Fragen Sie sich, wie Sie durch gezielte Gedanken Ihre nächsten Schritte im Leben klarer und sicherer machen können. Erinnern Sie sich daran, dass Ihre täglichen Gedanken das Tempo und die Richtung Ihrer Reise bestimmen. Nutzen Sie diese Erkenntnis, um bewusst einen Weg des Wachstums und der positiven Veränderung zu beschreiten.

Tag 7

Stichwort des Tages: Die Stille des Geistes

Erkunden Sie heute die Bedeutung der inneren Ruhe und Klarheit. In Momenten der Stille und Reflexion entstehen oft die stärksten und transformativsten Gedanken. Nehmen Sie sich Zeit für Ruhe und Besinnung, um so Raum für neue Ideen und Perspektiven zu schaffen. Die Stille des Geistes wird als fruchtbarer Boden für Wachstum und Entwicklung angesehen.

Tageszeit	Aktivität	Beschreibung
Morgen	Dankbarkeitspraxis	
	Affirmationspraxis	
Mittag	Manifestations-übung	Manifestationsübung 1
	Fokusmeditation	Fokusmeditation 1

Abend	Tagesreflexion	Reflexionsfragen: „Wie haben die stillen Momente des Tages meine Gedanken und Handlungen beeinflusst?" „Welche neuen Einsichten oder Ideen sind in ruhigen Momenten aufgekommen?"
	Affirmationspraxis	

Tipp des Tages: Nutzen Sie die Kraft der Stille, um tiefer in sich selbst einzutauchen. Erkennen Sie, wie ruhige Momente Ihre Kreativität und Intuition fördern können. Überlegen Sie, wie Sie bewusst Ruhephasen in Ihren Tag integrieren können, um Ihren Geist zu klären und neue Wege für Ihre Gedanken und Ziele zu öffnen.

WOCHE 2 – ZIELFINDUNG UND INTENTIONEN SETZEN

Tag 8

Stichwort des Tages: Klar definierte Ziele

Die Bedeutung klarer Zielsetzung für persönlichen und beruflichen Erfolg steht heute im Mittelpunkt. Nehmen Sie sich Zeit für die genaue Bestimmung und Visualisierung Ihrer Ambitionen. Ein fokussierter Blick auf Ihre Ziele erleichtert es, konkrete Maßnahmen zu ergreifen und sich durchgehend motiviert zu halten. Das Präzisieren Ihrer Ziele ist entscheidend, um Ihre Energie und Bemühungen gezielt und effektiv einzusetzen.

Tageszeit	Aktivität	Beschreibung
Morgen	Dankbarkeitspraxis	
	Affirmationspraxis	

Mittag	Manifestations-übung	Manifestationsübung 1
	Fokusmeditation	Fokusmeditation 1
Abend	Tagesreflexion	Reflexionsfragen: „Wie habe ich heute zur Erreichung meiner Ziele beigetragen?" „Welche Schritte habe ich unternommen, um meinen Zielen näherzukommen?"
	Affirmationspraxis	

Tipp des Tages: Nehmen Sie sich Zeit, um die Klarheit und Genauigkeit Ihrer Ziele zu überprüfen. Fragen Sie sich, ob jedes Ziel spezifisch, messbar, erreichbar, relevant und zeitgebunden ist. Denken Sie darüber nach, wie Ihre täglichen Handlungen und Gedanken direkt zur Verwirklichung dieser Ziele beitragen können. Bedenken Sie auch, wie Sie Ihre Ziele regelmäßig anpassen und weiterentwickeln können, um mit Ihren sich verändernden Umständen und Erkenntnissen Schritt zu halten. Klare Ziele dienen nicht nur als Wegweiser, sondern auch als Motivation, um Ihnen zu helfen, auf Ihrem Weg zum Erfolg konsequent und entschlossen voranzuschreiten.

Tag 9

Stichwort des Tages: Greifbare Meilensteine

In diesem Leitgedanken wird die Wichtigkeit einer genauen Vision für jeden Schritt auf dem Weg zum Erfolg betont. Er erinnert daran, dass die Realisierung großer Ambitionen oft in kleinen, klar definierten Etappen erfolgt. Die Fähigkeit, Ihre Ziele in greifbare Meilensteine zu unterteilen, ist entscheidend, um den Überblick zu bewahren und sich nicht zu überfordern. Zerlegen Sie jedes Ziel in kleinere, handhabbare Schritte, die schlussendlich zum Gesamterfolg führen.

Tageszeit	Aktivität	Beschreibung

Morgen	Dankbarkeitspraxis Affirmationspraxis	
Mittag	Manifestations-übung	Manifestationsübung 1
	Fokusmeditation	Fokusmeditation 1
Abend	Tagesreflexion	Reflexionsfragen: „Welche kleinen Schritte habe ich heute unternommen, um meine Ziele zu erreichen?“ „Wie kann ich meine täglichen Aktionen weiter an meine Zielmeilensteine anpassen?“
	Affirmationspraxis	

Tipp des Tages: Überlegen Sie, wie Sie jedes Ihrer Ziele in kleinere, erreichbare Meilensteine unterteilen können, um den Weg zu Ihren großen Ambitionen klarer und handhabbarer zu gestalten. Jeder kleine Schritt, den Sie in Richtung dieser Meilensteine unternehmen, ist ein Fortschritt hin zu Ihrem größeren Ziel. Denken Sie daran, dass die Summe dieser kleinen Schritte letztendlich zum Erfolg führt und jeder davon zählt. Erkennen und feiern Sie die kleinen Erfolge auf Ihrem Weg, denn sie sind die Bausteine Ihres Erfolges. Diese kleinen Siege bieten nicht nur Bestätigung, sondern auch wichtige Motivation und Momentum, die Sie vorantreiben. Indem Sie Ihre Ziele in konkrete Etappen aufteilen, schaffen Sie eine klare Roadmap zum Erfolg, die Ihnen hilft, fokussiert und zielgerichtet zu bleiben.

Anleitung zur Erstellung Ihrer Roadmap:

- Definieren Sie Ihr übergeordnetes Ziel und visualisieren Sie es klar.
- Unterteilen Sie dieses Ziel in kleinere, messbare und terminierte Etappenziele.

• Planen Sie konkrete Maßnahmen oder Schritte, um jedes dieser Etappenziele zu erreichen.

• Setzen Sie regelmäßige Termine, um Ihren Fortschritt zu evaluieren und bei Bedarf Anpassungen vorzunehmen.

• Halten Sie Erfolge und Lernerfahrungen in einem Tagebuch fest, um Ihre Entwicklung zu dokumentieren.

• Zelebrieren Sie jeden erreichten Meilenstein, um sich selbst zu motivieren und Ihre Leistungen zu würdigen.

• Bleiben Sie flexibel und offen für Anpassungen, falls Hindernisse auftreten sollten.

Tag 10

Stichwort des Tages: Entschlossenheit und eine klare Vision

Erkennen Sie die Rolle von Entschlossenheit und einer klaren Vision im Prozess der Zielerreichung. Lenken Sie Ihre Aufmerksamkeit darauf, wie wichtig es ist, nicht nur zu wissen, was Sie erreichen wollen, sondern auch fest entschlossen zu sein, die notwendigen Schritte zu unternehmen. Eine klare Vision Ihrer Ziele, kombiniert mit der Entschlossenheit, diese zu erreichen, bildet das starke Fundament für Ihren Weg zum Erfolg.

Tageszeit	Aktivität	Beschreibung
Morgen	Dankbarkeitspraxis	
	Affirmationspraxis	
Mittag	Manifestations-übung	Manifestationsübung 1
	Fokusmeditation	Fokusmeditation 1
Abend	Tagesreflexion	Reflexionsfragen: „Wie hat meine Entschlossenheit heute meine Handlungen beeinflusst?“

		„Welche Schritte kann ich morgen unternehmen, um meiner Vision näher zu kommen?“
	Affirmationspraxis	

Tipp des Tages: Betrachten Sie, wie Ihre Entschlossenheit und klare Vision Sie im Prozess der Zielerreichung unterstützen. Fragen Sie sich, wie Sie jeden Tag Schritte unternehmen können, die in Einklang mit Ihrer Vision sind. Erinnern Sie sich daran, dass jede Aktion, die auf Ihr Ziel ausgerichtet ist, Sie näher an die Verwirklichung Ihrer Ambitionen bringt. Nutzen Sie die Kombination aus Entschlossenheit und klarer Vision, um Hindernisse zu überwinden und Ihre Ziele zu erreichen.

Tag 11

Stichwort des Tages: Strategische Planung

Der Fokus liegt heute auf der essentiellen Rolle einer durchdachten Strategie, um Ziele zu erreichen. Es reicht nicht aus, Ziele zu haben. Ein klarer und methodischer Plan ist notwendig, um diese zu verwirklichen. Strategische Planung hilft Ihnen, Ihre Ressourcen gezielt einzusetzen und die Schritte zu identifizieren, die Sie effektiv Ihren Zielen näherbringen. Hierbei geht es um die aktive Gestaltung Ihrer Zukunft, indem Sie Ihre Träume durch konkrete und planvolle Aktionen in die Realität umsetzen.

Tageszeit	Aktivität	Beschreibung
Morgen	Dankbarkeitspraxis	
	Affirmationspraxis	
Mittag	Manifestations-übung	Manifestationsübung 1
	Fokusmeditation	Fokusmeditation 1
Abend	Tagesreflexion	Reflexionsfragen: „Welche Fortschritte habe ich heute in Richtung meiner

		strategischen Ziele gemacht?“ „Welche Anpassungen sollte ich vornehmen, um meinen Plan effektiver zu gestalten?“
	Affirmationspraxis	

Tipp des Tages:
Nehmen Sie sich Zeit, um einen detaillierten Plan zu erstellen, der jeden Schritt auf dem Weg zu Ihren Zielen klar definiert. Überlegen Sie, wie Sie Ihre täglichen Aktivitäten an diesen Plan anpassen können, um eine kontinuierliche Ausrichtung auf Ihre Ziele zu gewährleisten. Bedenken Sie auch, wie Sie durch Anpassungsfähigkeit und Flexibilität Ihren Plan bei Bedarf an veränderte Umstände oder unvorhergesehene Herausforderungen anpassen können. Eine strategische Herangehensweise ermöglicht es Ihnen, gezielt und effizient vorzugehen und Ihre Ressourcen so einzusetzen, dass sie den größtmöglichen Nutzen für Ihre Zielerreichung bringen.

Tag 12

Stichwort des Tages: Flexibilität in der Planung

Heute steht die Anpassungsfähigkeit in der strategischen Planung im Mittelpunkt. Diese Überlegung betont, dass Flexibilität in der Verfolgung Ihrer Ziele ebenso wichtig ist wie das Festhalten an einem klaren Plan. Es geht darum, offen für Anpassungen zu sein und zu erkennen, dass Veränderungen und unerwartete Wendungen oft Chancen für Wachstum und Verbesserung darstellen. Das flexible Anpassen Ihrer Pläne ermöglicht es Ihnen, auf Herausforderungen effektiv zu reagieren und gleichzeitig Ihre langfristigen Ziele im Auge zu behalten.

Tageszeit	Aktivität	Beschreibung
Morgen	Dankbarkeitspraxis	
	Affirmationspraxis	

Mittag	Manifestations-übung	Manifestationsübung 1
	Fokusmeditation	Fokusmeditation 1
Abend	Tagesreflexion	Reflexionsfragen: „Wie habe ich heute meine Pläne flexibel angepasst, um meinen Zielen näher zu kommen?" „Welche Veränderungen kann ich vornehmen, um meine Strategie zu verbessern?"
	Affirmationspraxis	

Tipp des Tages: Betrachten Sie Ihre aktuelle Strategie mit einem offenen Blick und erkennen Sie die entscheidende Rolle der Flexibilität auf Ihrem Weg zum Erfolg. Fragen Sie sich, wie Sie sich stärker für Veränderungen öffnen können und wie diese Ihre Pläne positiv beeinflussen könnten. Bedenken Sie, dass Anpassungsfähigkeit nicht nur die Bewältigung von Herausforderungen erleichtert, sondern auch neue Perspektiven und Chancen eröffnen kann. Überlegen Sie, wie Sie flexibel auf unerwartete Ereignisse reagieren und diese als Gelegenheiten zur Feinabstimmung Ihrer Strategie nutzen können. Indem Sie lernen, flexibel und anpassungsfähig zu sein, bauen Sie Widerstandsfähigkeit auf und erhöhen Ihre Chancen, Ihre Ziele trotz Widrigkeiten zu erreichen.

Tag 13

Stichwort des Tages: Fortlaufende Zielanpassung

Legen Sie heute den Fokus auf die Bedeutung von Ausdauer und der Fähigkeit, Ziele kontinuierlich zu überprüfen und anzupassen. Erfolg resultiert oft nicht aus einem starren Festhalten an einem einmal festgelegten Plan, sondern aus der Flexibilität, Strategien zu modifizieren, wenn sich Umstände ändern. Ausdauer gepaart mit der Bereitschaft,

Ziele dynamisch zu gestalten, bildet eine starke Grundlage für langfristigen Erfolg.

Tageszeit	Aktivität	Beschreibung
Morgen	Dankbarkeitspraxis	
	Affirmationspraxis	
Mittag	Manifestations-übung	Manifestationsübung 1
	Fokusmeditation	Fokusmeditation 1
Abend	Tagesreflexion	Reflexionsfragen: „Wie hat meine Ausdauer heute meine Fortschritte beeinflusst?" „Welche Anpassungen könnte ich vornehmen, um meine Ziele effektiver zu verfolgen?"
	Affirmationspraxis	

Tipp des Tages: Überlegen Sie, wie Ausdauer und Anpassungsfähigkeit in Ihrem Streben nach Erfolg eine Rolle spielen. Denken Sie zum Beispiel an einen Marathonläufer. Trotz Erschöpfung und Herausforderungen behält er das Ziel im Auge und passt sein Tempo an die Gegebenheiten der Strecke an. Erinnern Sie sich, dass Erfolg oft das Ergebnis von Beharrlichkeit ist, kombiniert mit der Bereitschaft, Pläne zu überdenken und zu optimieren. Jede Herausforderung, der Sie begegnen, kann eine Gelegenheit sein, Ihre Ziele zu schärfen und Ihre Strategien zu verbessern. Nutzen Sie Ausdauer als Ihre Kraftquelle und Anpassungsfähigkeit als Ihren Wegweiser, um Ihre Ziele zu erreichen und Erfolg zu manifestieren. Betrachten Sie Rückschläge als Lerngelegenheiten und nutzen Sie sie, um Ihre Strategien zu stärken und zu verfeinern. Denken Sie daran, dass die kontinuierliche Anpassung Ihrer Ziele und Methoden nicht ein Zeichen von Schwäche, sondern von strategischer Intelligenz und Flexibilität ist.

Tag 14

Stichwort des Tages: Die Bereitschaft, zu wachsen und zu lernen

Heute liegt der Schwerpunkt darauf, dass echter Erfolg nicht nur aus sorgfältiger Planung resultiert, sondern auch aus einer fortwährenden Bereitschaft, sich weiterzuentwickeln und Neues zu lernen. Diese Einsicht unterstreicht die Wichtigkeit eines offenen Geistes und der kontinuierlichen persönlichen Entwicklung auf dem Weg zum Erfolg. Es geht darum, sich selbst zu erlauben, aus Erfahrungen zu lernen, und diese Erkenntnisse zu nutzen, um Ihre Ziele und Methoden fortlaufend zu verbessern.

Tageszeit	Aktivität	Beschreibung
Morgen	Dankbarkeitspraxis	
	Affirmationspraxis	
Mittag	Manifestationsübung	Manifestationsübung 1
	Fokusmeditation	Fokusmeditation 1
Abend	Tagesreflexion	Reflexionsfragen: „Welche neuen Erkenntnisse habe ich heute gewonnen?" „Wie kann ich mein Wissen und meine Fähigkeiten erweitern, um meine Ziele zu unterstützen?"
	Affirmationspraxis	

Tipp des Tages: Denken Sie darüber nach, wie lebenslanges Lernen und persönliche Entwicklung wesentliche Bestandteile Ihres Erfolgs sind. Betrachten Sie jede Gelegenheit, neues Wissen und Fähigkeiten zu erwerben, als Investition in Ihre Zukunft. Erkennen Sie, dass Ihr Wachstumspotenzial unbegrenzt ist und dass jede neue Lernerfahrung Ihnen hilft, Ihre Ziele besser zu verstehen und effizienter zu erreichen. Nutzen Sie Ihre Neugier und Ihren Drang nach Verbesserung als Antrieb auf Ihrem Weg zum Erfolg.

WOCHE 3 – SELBSTLIEBE ERKENNEN UND ENTWICKELN

Tag 15

Stichwort des Tages: Selbstliebe zur Verwirklichung des eigenen Potenzials

Zu Beginn der dritten Woche liegt der Fokus auf der entscheidenden Rolle der Selbstliebe für persönliches Wachstum und Erfolg. Diese Betrachtung lädt Sie dazu ein, sich selbst Wertschätzung und Fürsorge entgegenzubringen, als Grundlage für alle weiteren Bestrebungen. Selbstliebe wird hier als die Basis verstanden, auf der man Selbstvertrauen aufbaut und die eigenen Stärken und Talente voll entfaltet. Es geht darum, sich selbst zu erkennen und anzuerkennen, um das eigene Potenzial voll ausschöpfen zu können.

Tageszeit	Aktivität	Beschreibung
Morgen	Dankbarkeitspraxis	
	Affirmationspraxis	
Mittag	Manifestationsübung	Manifestationsübung 2
	Fokusmeditation	Fokusmeditation 2
Abend	Tagesreflexion	Reflexionsfragen: „Inwiefern hat die Selbstliebe heute meine Entscheidungen und Handlungen beeinflusst?“ „Wie kann ich meine Selbstliebe weiter kultivieren, um mein persönliches Wachstum zu fördern?“
	Affirmationspraxis	

Tipp des Tages: Beginnen Sie jeden Tag mit einer Haltung der Selbstakzeptanz und Selbstfürsorge, um Ihre innere Stärke und Ihr Selbstvertrauen zu stärken. Erinnern Sie sich daran, dass Selbstliebe nicht nur Ihre Beziehung zu sich selbst verbessert, sondern auch die Art und Weise, wie Sie Herausforderungen begegnen und Ihre Ziele verfolgen. Überlegen Sie, wie kleine tägliche Akte der Selbstliebe, wie positive Selbstgespräche oder Zeit für Selbstfürsorge, Ihre Energie und Ihren Fokus auf Ihre Ziele stärken können. Erkennen Sie, dass jeder Akt der Selbstliebe ein wichtiger Schritt auf dem Weg zu Ihrem wahren Potenzial ist. Nutzen Sie die Kraft der Selbstliebe, um Hindernisse zu überwinden, Ihre Träume zu verfolgen und ein erfülltes Leben zu führen.

Tag 16

Stichwort des Tages: Die Akzeptanz des eigenen Selbst

Dieser Tag widmet sich der tiefen Bedeutung der Selbstakzeptanz als Schlüsselfaktor für persönliche Entwicklung und Wachstum. Die Fähigkeit, sich selbst mit all seinen Stärken und Schwächen anzunehmen, ermöglicht es Ihnen, sich selbstbewusst und authentisch Ihren Zielen und Herausforderungen zu stellen. Es geht darum, sich selbst nicht nur zu lieben, sondern auch zu verstehen und anzunehmen, um auf dieser Basis wachsen und sich entfalten zu können.

Tageszeit	Aktivität	Beschreibung
Morgen	Dankbarkeitspraxis	
	Affirmationspraxis	
Mittag	Manifestations-übung	Manifestationsübung 2
	Fokusmeditation	Fokusmeditation 2
Abend	Tagesreflexion	Reflexionsfragen: „Wie habe ich mich heute selbst angenommen und unterstützt?“

	Affirmationspraxis	„Welche Aspekte meines Selbst kann ich weiterhin akzeptieren und kultivieren?“

Tipp des Tages: Nutzen Sie Selbstakzeptanz als Grundlage für Ihr persönliches Wachstum. Hier ist eine kurze Anleitung, wie Sie dies erreichen können: Beginnen Sie jeden Tag, indem Sie sich vor dem Spiegel einige Minuten Zeit nehmen, um sich selbst direkt anzusehen und zu lächeln. Sagen Sie sich laut oder in Gedanken positive Bestätigungen wie „Ich akzeptiere mich so, wie ich bin“ oder „Ich schätze meine Einzigartigkeit“. Überlegen Sie, wie Sie sich selbst in all Ihren Facetten anerkennen und umarmen können. Machen Sie sich bewusst, dass Sie mit Ihren Stärken und Schwächen einzigartig und wertvoll sind. Erkennen Sie, dass echte Selbstakzeptanz Ihnen die Freiheit gibt, sich ohne Vorbehalte zu entwickeln und zu wachsen. Denken Sie daran, dass die Annahme Ihrer selbst der erste Schritt ist, um Ihre Stärken zu nutzen und an Ihren Schwächen zu arbeiten, was letztendlich zu einem erfüllteren und authentischeren Leben führt.

Tag 17

Stichwort des Tages: Selbstliebe als Weg zum Erfolg

Heute steht im Mittelpunkt, wie wesentlich Selbstliebe für das Erreichen eigener Ambitionen ist. Die Wertschätzung und Unterstützung des eigenen Selbst sind zentrale Elemente, um persönliche Träume zu verwirklichen. Selbstliebe dient nicht nur der eigenen Wohlfahrt, sondern auch als Quelle innerer Stärke und Zielstrebigkeit. Sie fördert das Selbstvertrauen und die Entschlossenheit, die für die Verwirklichung persönlicher Ziele unabdingbar sind.

Tageszeit	Aktivität	Beschreibung
Morgen	Dankbarkeitspraxis	
	Affirmationspraxis	

Mittag	Manifestationsübung	Manifestationsübung 2
	Fokusmeditation	Fokusmeditation 2
Abend	Tagesreflexion	Reflexionsfragen: „Wie hat meine Selbstliebe heute meine Zielverfolgung beeinflusst?“ „Welche Schritte kann ich unternehmen, um meine Selbstliebe zu stärken?“
	Affirmationspraxis	

Tipp des Tages: Betrachten Sie Selbstliebe als einen wesentlichen Treiber für das Erreichen Ihrer Ziele. Nutzen Sie Selbstliebe, um Ihre innere Stärke und Entschlossenheit zu fördern. Bedenken Sie, dass das Nähren Ihrer Selbstliebe Ihnen hilft, Ihre Ziele mit Zuversicht und Bestimmtheit zu verfolgen. Jede Form der Selbstfürsorge und des Selbstrespekts bringt Sie Ihrem Traum ein Stück näher. Nutzen Sie diesen Tag, um Selbstliebe in all Ihren Handlungen zu praktizieren, und beobachten Sie, wie sie Ihre Perspektiven und Möglichkeiten erweitert. Hier sind zehn Handlungen, die Sie in Ihren Alltag integrieren können, um Selbstliebe zu praktizieren:

- Nehmen Sie sich Zeit für eine entspannende Tätigkeit, die Ihnen Freude bereitet, wie ein Bad oder das Lesen eines guten Buches.
- Sprechen Sie sich täglich positive Affirmationen vor, die Ihr Selbstwertgefühl stärken.
- Üben Sie regelmäßig körperliche Aktivitäten, die Ihnen guttun, wie Yoga, Spaziergänge oder Tanzen.
- Ernähren Sie sich gesund und achten Sie darauf, Ihrem Körper nährende Lebensmittel zuzuführen.
- Setzen Sie Grenzen in Beziehungen und bei Verpflichtungen, um Ihr Wohlbefinden zu schützen.

- Verbringen Sie Zeit in der Natur, um sich zu erden und zu entspannen.
- Praktizieren Sie Achtsamkeit und Meditation, um innere Ruhe zu finden.
- Vergeben Sie sich selbst für vergangene Fehler und betrachten Sie sie als Lernchancen.
- Umgeben Sie sich mit Menschen, die Sie unterstützen und Ihre Werte teilen.
- Gönnen Sie sich kleine Belohnungen und Anerkennungen für Ihre Erfolge und Bemühungen.

Tag 18

Stichwort des Tages: Das Erkennen der eigenen Stärken

Heute soll es darum gehen, dass die Liebe und Wertschätzung, die wir uns selbst entgegenbringen, uns helfen, unser wahres Potenzial zu erkennen und zu entfalten. Dieses Bewusstsein ermutigt Sie, Ihre einzigartigen Talente und Fähigkeiten zu schätzen und sie als wesentliche Werkzeuge auf Ihrem Weg zu persönlichem Wachstum und Erfolg zu nutzen.

Tageszeit	Aktivität	Beschreibung
Morgen	Dankbarkeitspraxis	
	Affirmationspraxis	
Mittag	Manifestationsübung	Manifestationsübung 2
	Fokusmeditation	Fokusmeditation 2
Abend	Tagesreflexion	Reflexionsfragen: „Welche Stärken habe ich heute dank meiner Selbstliebe eingesetzt?“

„Wie kann ich meine Stärken weiterhin durch Selbstliebe fördern und entwickeln?“

Affirmationspraxis

Tipp des Tages: Erkunden Sie die Beziehung zwischen Selbstliebe und der Entdeckung Ihrer persönlichen Stärken. Überlegen Sie, wie Sie Selbstliebe nutzen können, um Ihre einzigartigen Fähigkeiten zu fördern und zu nutzen. Denken Sie daran, dass das Erkennen und Wertschätzen Ihrer Stärken durch Selbstliebe Ihnen hilft, mit größerer Klarheit und Entschlossenheit Ihre Ziele zu verfolgen. Nutzen Sie Selbstliebe als Schlüssel, um Ihre Stärken voll auszuschöpfen und Ihr Potenzial zu maximieren.

Tag 19

Stichwort des Tages: Die Welt bereichern

Erinnern Sie sich an diesem heutigen Tag daran, dass, wenn wir uns selbst mit Liebe und Akzeptanz behandeln, wir in der Lage sind, unsere besten Qualitäten und Talente zu entfalten. Diese Entfaltung ermöglicht es uns, positiv auf unser Umfeld einzuwirken und einen wertvollen Beitrag zu leisten. Selbstliebe ist somit ein wichtiger Schritt, um nicht nur das eigene Wohlbefinden zu steigern, sondern auch, um einen positiven Einfluss auf die Welt zu haben.

Tageszeit	Aktivität	Beschreibung
Morgen	Dankbarkeitspraxis	
	Affirmationspraxis	
Mittag	Manifestations-übung	Manifestationsübung 2
	Fokusmeditation	Fokusmeditation 2
Abend	Tagesreflexion	Reflexionsfragen: „Wie hat meine Selbstliebe heute mein Handeln und meine Interaktionen beeinflusst?" „Welche Auswirkungen hat meine Selbstliebe auf meine Umgebung?"
	Affirmationspraxis	

Tipp des Tages: Denken Sie darüber nach, wie Selbstliebe nicht nur Ihre eigene Entwicklung fördert, sondern auch einen positiven Effekt auf Ihre Umgebung hat. Überlegen Sie, wie Sie durch Akte der Selbstliebe und Selbstfürsorge Ihre besten Eigenschaften zur Geltung bringen und so positiv auf andere wirken können. Bedenken Sie, dass jede Form von Selbstliebe und Selbstakzeptanz nicht nur Ihr eigenes Leben bereichert, sondern auch das Potenzial hat, inspirierend und bereichernd für andere zu sein. Lassen Sie sich von den folgenden Inspirationen leiten, um Selbstliebe und Selbstakzeptanz in Ihrem Alltag zu praktizieren:

- Beginnen Sie jeden Tag mit einer positiven Bestätigung Ihrer selbst.
- Führen Sie ein Dankbarkeitstagebuch, um sich auf die positiven Aspekte Ihres Lebens zu konzentrieren.
- Setzen Sie sich kleine Ziele, die Ihnen dabei helfen, Ihre Fähigkeiten zu erkennen und zu schätzen.
- Nehmen Sie sich Zeit, um Ihre Erfolge und Fortschritte zu feiern.
- Umgeben Sie sich mit Menschen, die Sie unterstützen und Ihre Selbstliebe fördern.
- Praktizieren Sie regelmäßige Selbstfürsorge, sei es durch Entspannungsrituale, Sport oder kreative Hobbys.
- Lernen Sie, freundlich und nachsichtig mit sich selbst zu sein, besonders in herausfordernden Zeiten.
- Erkennen und respektieren Sie Ihre Grenzen, um Ihr Wohlbefinden zu schützen.
- Nutzen Sie Meditation oder Achtsamkeitsübungen, um inneren Frieden und Selbstakzeptanz zu fördern.
- Sagen Sie sich täglich, dass Sie es wert sind, glücklich und erfolgreich zu sein.

Tag 20

Stichwort des Tages: Selbstliebe als Perspektive

Heute liegt der Fokus darauf, wie die Perspektive der Selbstliebe die Sichtweise auf Fehler und Herausforderungen verändern kann. Wenn Selbstliebe und Selbstverständnis präsent sind, verwandeln sich Fehler von Niederlagen in wertvolle Lernerfahrungen. Ebenso eröffnen sich in Herausforderungen Chancen für persönliches Wachstum, anstatt als unüberwindbare Hürden wahrgenommen zu werden. Diese Perspektive fördert Resilienz und Optimismus, da sie dazu anregt, in jeder Situation einen Schritt zur persönlichen Weiterentwicklung zu erkennen.

Tageszeit	Aktivität	Beschreibung
Morgen	Dankbarkeitspraxis	
	Affirmationspraxis	
Mittag	Manifestations-übung	Manifestationsübung 2
	Fokusmeditation	Fokusmeditation 2
Abend	Tagesreflexion	Reflexionsfragen: „Wie habe ich heute Selbstliebe genutzt, um aus Fehlern zu lernen?" „Auf welche Weise hat die Selbstliebe mein Wachstum bei heutigen Herausforderungen unterstützt?"
	Affirmationspraxis	

<u>Tipp des Tages:</u> Nutzen Sie die Kraft der Selbstliebe, um Ihre Einstellung zu Fehlern und Herausforderungen zu transformieren. Erinnern Sie sich daran, dass jeder Fehltritt eine Gelegenheit zum Lernen und jede Herausforderung eine Chance zum Wachstum ist. Überlegen Sie, wie Sie durch Selbstliebe und Mitgefühl mit sich selbst eine konstruktive und lernorientierte Haltung gegenüber Schwierigkeiten entwickeln können. Sehen Sie in jedem Schritt, ob vorwärts oder rückwärts, eine wertvolle Erfahrung auf Ihrem Weg des persönlichen Wachstums. Um eine konstruktive und lernorientierte Haltung gegenüber Schwierigkeiten zu entwickeln, beachten Sie bitte die folgenden Vorschläge:

- Nehmen Sie sich Zeit, um über Fehler nachzudenken, anstatt sie zu meiden. Fragen Sie sich: „Was kann ich aus dieser Erfahrung lernen?" Betrachten Sie Fehler als Lerngelegenheiten, die Ihnen wertvolle Einblicke in Ihre Stärken und Schwächen bieten.

- Schreiben Sie über Ihre Herausforderungen und darüber, wie Sie damit umgegangen sind. Dies hilft Ihnen, Ihre Gedanken und Gefühle zu klären und eine lernorientierte Perspektive zu gewinnen.
- Ersetzen Sie selbstkritische Gedanken durch unterstützende und ermutigende Worte. Sagen Sie sich beispielsweise: „Ich kann aus dieser Situation lernen und mich verbessern."
- Fähigkeiten und Talente können durch harte Arbeit und ständiges Lernen verbessert werden. Sehen Sie sich selbst als eine Person, die wachsen und sich weiterentwickeln kann.
- Setzen Sie konkrete Ziele, um aus Ihren Fehlern zu lernen. Fragen Sie sich: „Was kann ich das nächste Mal anders machen?"
- Erlauben Sie sich, Enttäuschungen oder Frustrationen zu fühlen, aber lassen Sie sie nicht überhandnehmen. Praktizieren Sie Techniken zur Emotionsregulation, wie tiefe Atmung oder Achtsamkeitsübungen.
- Holen Sie sich konstruktives Feedback von vertrauenswürdigen Personen, um Ihre Sichtweise zu erweitern und zu lernen, wie Sie sich verbessern können.
- Stellen Sie sich vor, wie Sie in ähnlichen Situationen in der Zukunft erfolgreich sind. Visualisierung kann die Zuversicht stärken und eine positive Herangehensweise fördern.

Tag 21

Stichwort des Tages: Nähren Sie Ihre Träume

Denken Sie daran, dass die liebevolle Fürsorge für sich selbst eine essenzielle Quelle der Energie und Inspiration ist, die Sie brauchen, um Ihre Visionen zu verwirklichen. Selbstliebe versorgt Sie mit dem notwendigen Selbstvertrauen und der inneren Stärke, um mutig Ihre Träume zu verfolgen und Hindernisse auf diesem Weg zu überwinden. Sie ist der Schlüssel dazu, Ihre Ziele nicht nur als Wünsche zu sehen, sondern sie aktiv und selbstbewusst in die Realität umzusetzen.

Tageszeit	Aktivität	Beschreibung
Morgen	Dankbarkeitspraxis	
	Affirmationspraxis	
Mittag	Manifestations-übung	Manifestationsübung 2
	Fokusmeditation	Fokusmeditation 2
Abend	Tagesreflexion	Reflexionsfragen: „Wie hat die Selbstliebe heute mein Streben nach meinen Träumen unterstützt?" „Welche Schritte kann ich unternehmen, um meine Selbstliebe weiter zu stärken?"
	Affirmationspraxis	

Tipp des Tages: Ergründen Sie die Kraft der Selbstliebe, um Ihre Träume zu nähren und zu verwirklichen. Betrachten Sie, wie ein starkes Fundament der Selbstliebe Ihnen die Zuversicht gibt, große Ziele anzustreben und sie mit Entschlossenheit zu verfolgen. Beachten Sie, dass jeder Akt der Selbstliebe und Selbstfürsorge Sie Ihrem Ziel eines erfüllten und selbstbestimmten Lebens näher bringt. Nutzen Sie die Macht der Selbstliebe, um Ihre Träume zu stärken und Ihr volles Potenzial zu entfalten.

WOCHE 4 – ÜBERWINDEN VON SELBSTZWEIFELN

Tag 22

Stichwort des Tages: Der Ursprung wahrer Stärke

Betrachten Sie Selbstzweifel nicht als Hindernis, sondern als Gelegenheit zur Entwicklung Ihrer wahren inneren Stärke. Lenken Sie Ihre Aufmerksamkeit darauf, dass die Auseinandersetzung mit Unsicherheiten und Zweifeln oft den Anstoß für tiefgreifendes persönliches Wachstum gibt. Die Überwindung von Selbstzweifeln wird hier als ein wesentlicher Schritt auf dem Weg zur Selbstverwirklichung und zur Entfaltung des eigenen Potenzials gesehen. Sie erinnert daran, dass in Momenten des Zweifels oft die größten Lektionen für Selbstvertrauen und Durchhaltevermögen liegen.

Tageszeit	Aktivität	Beschreibung
Morgen	Dankbarkeitspraxis	
	Affirmationspraxis	
Mittag	Manifestationsübung	Manifestationsübung 2
	Fokusmeditation	Fokusmeditation 2
Abend	Tagesreflexion	Reflexionsfragen: „Wie haben mich heute meine Selbstzweifel konfrontiert?" „Was kann ich aus meinen Zweifeln lernen, um mich weiterzuentwickeln?"
	Affirmationspraxis	

Tipp des Tages: Nutzen Sie die Herausforderung von Selbstzweifeln als Gelegenheit, Ihre innere Stärke zu festigen. Bedenken Sie, dass das Überwinden von Unsicherheit und Zweifeln oft zu einem tieferen Verständnis Ihrer selbst und zu größerem Selbstvertrauen führt. Erkennen Sie an, dass Selbstzweifel Teil des menschlichen Daseins sind, und nutzen Sie sie als Katalysator für Ihre persönliche Entwicklung und Selbstverwirklichung. Jeder Schritt, den Sie tun, um Ihre Zweifel zu meistern, ist ein Schritt hin zu mehr Selbstbewusstsein und Resilienz.

Tag 23

Stichwort des Tages: Zweifel als Leitsterne sehen

Selbstzweifel stellen oftmals notwendige Etappen auf dem Weg zur persönlichen Entwicklung dar. Der Umgang mit Selbstzweifeln ist eine wertvolle Erfahrung, die Sie letztendlich zu tieferem Selbstverständnis und größerem inneren Frieden führen kann. Es geht darum, Selbstzweifel als Teil der Reise zu akzeptieren und sie als Gelegenheiten zu nutzen, um sich selbst besser zu verstehen und zu wachsen.

Tageszeit	Aktivität	Beschreibung

Morgen	Dankbarkeitspraxis Affirmationspraxis	
Mittag	Manifestationsübung	Manifestationsübung 2
	Fokusmeditation	Fokusmeditation 2
Abend	Tagesreflexion	Reflexionsfragen: „Welche Einsichten habe ich heute durch das Überwinden von Zweifeln gewonnen?" „Wie kann ich meine Selbstzweifel weiterhin in positive Lektionen umwandeln?"
	Affirmationspraxis	

Tipp des Tages: Begreifen Sie Selbstzweifel als wesentliche Phasen in Ihrem Prozess der Selbstentwicklung. Überlegen Sie, wie Sie die Herausforderungen, die Selbstzweifel mit sich bringen, als Chancen für Ihre persönliche Entwicklung und ein tieferes Verständnis Ihrer selbst nutzen können. Erinnern Sie sich daran, dass das Überwinden von Unsicherheit und Zweifeln oft zu einem stärkeren Selbstbewusstsein und einem Gefühl inneren Friedens führt. Sehen Sie diese Momente als Gelegenheiten, aus Ihren Zweifeln zu lernen und sie als Antrieb für Ihre persönliche Entwicklung und das Erreichen Ihrer Ziele zu nutzen.

Tag 24

Stichwort des Tages: Das Sprungbrett zur eigenen Stärke

Konzentrieren Sie sich heute darauf, Selbstzweifel als wertvolle Gelegenheiten zu betrachten, um die eigenen Stärken zu entdecken und zu stärken. Sehen Sie Selbstzweifel nicht als Hindernisse, sondern als Motivation, über sich hinauszuwachsen und innere Kraftquellen zu erschließen. Die Idee, dass das Durchleben und Überwinden von Unsicherheiten wesentliche Bestandteile der persönlichen Entwicklung sind, wird hier betont. Selbstzweifel dienen als Katalysator für Wachstum und Selbstverbesserung und eröffnen die Möglichkeit, innere Stärken zu erkennen und zu fördern.

Tageszeit	Aktivität	Beschreibung
Morgen	Dankbarkeitspraxis	
	Affirmationspraxis	
Mittag	Manifestationsübung	Manifestationsübung 2
	Fokusmeditation	Fokusmeditation 2
Abend	Tagesreflexion	Reflexionsfragen: „Wie habe ich heute Selbstzweifel als Chance zur Stärkung genutzt?" „Welche neuen Stärken habe ich durch das Überwinden von Zweifeln entdeckt?"
	Affirmationspraxis	

Tipp des Tages: Betrachten Sie Selbstzweifel als eine wertvolle Gelegenheit, Ihre innere Stärke zu festigen und zu erweitern. Bedenken Sie, wie das Akzeptieren und Überwinden von Unsicherheiten Sie dazu inspirieren, neue Facetten Ihrer Persönlichkeit zu entdecken und zu entwickeln. Erinnern Sie sich daran, dass jeder Moment des Zweifels auch eine Gelegenheit ist, Ihre Widerstandsfähigkeit und Ihr Selbstvertrauen zu stärken. Anstatt Selbstzweifel als Hindernis zu betrachten, nutzen Sie sie als Chance, um Ihre Stärken zu erkennen und zu fördern. Denken Sie daran, dass die Erfahrungen, die Sie durch das Überwinden von Zweifeln sammeln, Ihnen helfen, ein tieferes Verständnis für sich selbst zu entwickeln und Ihre Fähigkeit, zukünftige Herausforderungen erfolgreich zu meistern, zu steigern. Nutzen Sie die folgende kleine Übung, um eventuelle Zweifel zu überwinden:

- Nehmen Sie sich einen Moment Zeit, um sich zu entspannen und tief durchzuatmen.
- Identifizieren Sie einen spezifischen Selbstzweifel, der Sie aktuell beschäftigt.

- Stellen Sie sich folgende Frage: „Was ist das Schlimmste, das realistischerweise passieren könnte?“
- Überlegen Sie sich dann, wie Sie mit diesem schlimmsten Fall umgehen könnten. Dies hilft Ihnen, das Problem zu relativieren.
- Sehen Sie nun vor Ihrem inneren Auge, wie Sie die Situation erfolgreich meistern und diesen Zweifel überwinden.
- Schreiben Sie drei positive Affirmationen auf, die Ihre Fähigkeit, diese Herausforderung zu meistern, bestärken.
- Wiederholen Sie diese Affirmationen täglich, um Ihre innere Stärke und Ihr Selbstvertrauen zu stärken.

Tag 25

Stichwort des Tages: Die stillen Momente des Zweifels

Heute sind Sie dazu eingeladen, die stillen Momente des Zweifels als Gelegenheiten zur Stärkung Ihres Selbstvertrauens zu betrachten. Diese Momente bieten die Chance, tief in sich hineinzuhorchen und die Melodie des Selbstvertrauens, die in jedem verborgen ist, zu entdecken und zum Klingen zu bringen. Anstatt Selbstzweifel als Hindernis zu sehen, können sie als Katalysator für die Entwicklung eines stärkeren, selbstsicheren Ichs dienen.

Tageszeit	Aktivität	Beschreibung
Morgen	Dankbarkeitspraxis	
	Affirmationspraxis	
Mittag	Manifestationsübung	Manifestationsübung 2
	Fokusmeditation	Fokusmeditation 2
Abend	Tagesreflexion	Reflexionsfragen: „Wie habe ich heute durch Zweifel mein Selbstvertrauen gestärkt?“

		„Welche Erkenntnisse habe ich in Momenten des Zögerns gewonnen?“
	Affirmationspraxis	

Tipp des Tages: Nutzen Sie die Herausforderung von Selbstzweifeln, um Ihr Selbstvertrauen zu stärken. Erkennen Sie, dass in Momenten des Zögerns und der Unsicherheit oft der Schlüssel zur eigenen inneren Stärke liegt. Denken Sie darüber nach, wie Sie diese stillen Momente nutzen können, um Ihr Selbstverständnis zu vertiefen und Ihre Selbstsicherheit zu festigen. Erinnern Sie sich daran, dass die Überwindung von Zweifeln oft zu einem klareren und selbstbewussteren Ich führt. Nutzen Sie diese Erkenntnis, um Ihre persönliche Entwicklung und Selbstverwirklichung aktiv voranzutreiben.

Tag 26

Stichwort des Tages: Zweifel und Mut

Selbstzweifel sind der fruchtbare Boden, der Mut hervorbringt. Gerade in Zeiten des Zweifels und der Unsicherheit besteht die Chance, wahren Mut zu entwickeln. Selbstzweifel fordern Sie heraus, über Ihre Grenzen hinauszugehen und den Mut zu finden, der tief in Ihnen schlummert. Diese Perspektive ermutigt Sie, Selbstzweifel nicht als Zeichen von Schwäche, sondern als Gelegenheit zu sehen, um Stärke und Entschlossenheit zu kultivieren.

Tageszeit	Aktivität	Beschreibung
Morgen	Dankbarkeitspraxis	
	Affirmationspraxis	
Mittag	Manifestations-übung	Manifestationsübung 2
	Fokusmeditation	Fokusmeditation 2
Abend	Tagesreflexion	Reflexionsfragen:

„In welchen Momenten habe ich heute trotz Zweifel Mut gezeigt?"
„Wie kann ich weiterhin mutig handeln, auch wenn ich zweifle?"

Affirmationspraxis

Tipp des Tages: Betrachten Sie Selbstzweifel als Gelegenheit, Ihren Mut zu entfalten und zu stärken. Jede Konfrontation mit Zweifeln kann ein Anstoß sein, um mutige Entscheidungen zu treffen und neue Wege zu erkunden. Ermutigen Sie sich, die Herausforderungen, die mit Selbstzweifeln einhergehen, als Chance zu sehen, um mutiger und selbstsicherer zu werden. Bedenken Sie, dass die wahren Akte des Mutes oft in Momenten des Zweifels geboren werden. Stellen Sie sich vor, wie jeder Schritt, den Sie trotz Unsicherheit unternehmen, Ihre Entschlossenheit und Ihren Mut fördert. Reflektieren Sie über die Momente, in denen Sie trotz Zweifeln Stärke gezeigt haben, und darüber, wie diese Erfahrungen Ihr Selbstvertrauen und Ihre Entschlossenheit geformt haben. Erkennen Sie, dass die Überwindung von Selbstzweifeln nicht nur Ihre innere Stärke offenbart, sondern Sie auch befähigt, zukünftigen Herausforderungen mit größerem Mut und Vertrauen zu begegnen.

Tag 27

Stichwort des Tages: Das Fenster zur Selbstentdeckung

Öffnen Sie sich für die Perspektive, dass Selbstzweifel nicht nur Herausforderungen, sondern auch Chancen für tiefe Selbstreflexion und -erkundung darstellen. In jedem Moment des Zweifels liegt die Möglichkeit, mehr über sich selbst zu erfahren und verborgene Aspekte des eigenen Charakters zu beleuchten. Diese Momente bieten Gelegenheiten, tiefgreifende Einsichten in die eigene Persönlichkeit zu gewinnen und verstehen zu lernen, was Sie wirklich antreibt und motiviert. Sie sind Gelegenheiten, sich selbst aus einem neuen Blickwinkel zu betrachten und zu erkennen, was Sie wirklich wollen und wohin Ihre Reise gehen soll.

Tageszeit	Aktivität	Beschreibung
Morgen	Dankbarkeitspraxis	
	Affirmationspraxis	
Mittag	Manifestations-übung	Manifestationsübung 2
	Fokusmeditation	Fokusmeditation 2
Abend	Tagesreflexion	Reflexionsfragen: „Welche neuen Seiten an mir habe ich heute durch den Umgang mit Zweifeln entdeckt?" „Wie haben meine Selbstzweifel zu tieferen Einsichten über mich selbst geführt?"
	Affirmationspraxis	

Tipp des Tages: Betrachten Sie Selbstzweifel als Fenster, durch das Sie tiefer in Ihr eigenes Selbst eintauchen können. Jeder Moment des Zweifels birgt das Potenzial für wichtige Erkenntnisse über Ihre Persönlichkeit und Ihre wahren Wünsche. Erwägen Sie, wie Sie durch die Reflexion und das Verständnis Ihrer Zweifel mehr über sich selbst lernen und wie Sie dieses Wissen nutzen können, um sich auf Ihrem Weg zur Selbstverwirklichung weiterzuentwickeln. Sehen Sie in der Konfrontation mit Unsicherheit eine Chance, sich selbst besser zu verstehen und Ihre Reise mit größerer Klarheit und Bestimmung fortzusetzen.

Übung zur Reflexion und zum Verständnis von Selbstzweifeln:

- Nehmen Sie sich einige ruhige Minuten Zeit für sich selbst.

• Schreiben Sie Ihre aktuellen Selbstzweifel auf ein Blatt. Seien Sie dabei so konkret wie möglich.

• Überlegen Sie bei jedem Zweifel: Woher kommt dieser Zweifel? Welche Erfahrungen oder Glaubenssätze stehen dahinter?

• Erörtern Sie, wie diese Zweifel Sie bisher in Ihrer Entwicklung beeinflusst haben – sowohl positiv als auch negativ.

• Überlegen Sie, welche Lektionen Sie aus diesen Zweifeln ziehen können. Was lehren sie Sie über Ihre Bedürfnisse, Grenzen oder Ziele?

• Schreiben Sie für jeden Zweifel eine positive Umformulierung oder eine konkrete Handlung auf, die Ihnen helfen kann, diesen Zweifel zu überwinden oder damit umzugehen.

• Verpflichten Sie sich, mindestens eine der aufgeschriebenen Handlungen in der kommenden Woche umzusetzen.

Tag 28

Stichwort des Tages: Mehr Selbstsicherheit durch Zweifel

Sehen Sie Selbstzweifel heute einmal in einem anderen Licht: als Kontraste, die die Momente der Selbstsicherheit und des Selbstvertrauens umso strahlender hervorheben. Das Durchleben und Überwinden von Selbstzweifeln machen die Momente, in denen Sie sich sicher und selbstbewusst fühlen, noch wertvoller und bedeutender. Dieser Gedanke bietet eine ermutigende Perspektive, indem er Selbstzweifel als notwendige Bestandteile des Prozesses hin zur Selbstsicherheit und zum Selbstvertrauen darstellt. Die Erfahrungen, die im Umgang mit Zweifeln gesammelt werden, dienen dazu, das eigene Selbstvertrauen zu stärken und die eigene Selbstsicherheit zu untermauern.

Tageszeit	Aktivität	Beschreibung
Morgen	Dankbarkeitspraxis	
	Affirmationspraxis	
Mittag	Manifestations-übung	Manifestationsübung 2

	Fokusmeditation	Fokusmeditation 2
Abend	Tagesreflexion	Reflexionsfragen: „Wie haben die Herausforderungen durch Selbstzweifel heute mein Selbstvertrauen gestärkt?“ „Welche Schritte habe ich unternommen, um meine Selbstsicherheit zu festigen?“
	Affirmationspraxis	

Tipp des Tages: Sehen Sie in Selbstzweifeln eine Chance, Ihre Selbstsicherheit zu stärken. Jeder Moment des Zweifels kann ein Schritt sein, um Ihr Selbstvertrauen zu festigen und Ihre innere Stärke zu demonstrieren. Überlegen Sie, wie die Erfahrungen, die Sie im Umgang mit Unsicherheiten machen, Ihnen helfen, ein tieferes Verständnis für Ihre Fähigkeiten und Stärken zu entwickeln. Erinnern Sie sich daran, dass das Überwinden von Zweifeln oft zu einer ausgeprägteren Selbstsicherheit und zu einem gestärkten Selbstbewusstsein führt. Sehen Sie in jedem Zweifel eine Gelegenheit, um Ihre innere Stärke zu entdecken und zu schärfen.

Übung zur Stärkung des Selbstbewusstseins:

- Begeben Sie sich in eine ruhige, ungestörte Umgebung.
- Schließen Sie Ihre Augen und atmen Sie tief und bewusst ein und aus.
- Denken Sie an eine besondere Situation, in der Sie Selbstzweifel durchlebt haben.
- Visualisieren Sie sich selbst in dieser Situation, aber dieses Mal mit einem starken, selbstbewussten Auftreten.
- Sehen Sie sich selbst mit Selbstvertrauen und Bestimmtheit handeln, unabhängig davon, wie die Situation ursprünglich verlaufen ist.

• Wiederholen Sie innerlich positive Affirmationen, die Ihr Selbstvertrauen stärken, wie zum Beispiel „Ich bin fähig und kompetent“ oder „Ich vertraue auf meine Fähigkeiten“.

• Loben Sie sich selbst für Ihre Stärke und Ihr Selbstvertrauen in dieser vorgestellten Situation.

• Wiederholen Sie diese Übung in regelmäßigen Abständen, um Ihr Selbstbewusstsein in ähnlichen realen Situationen zu stärken.

WOCHE 5 – MANIFESTATION IM BERUFSLEBEN

Tag 29

Stichwort des Tages: Die Vision beruflicher Erfolge

Die Bedeutung einer klaren Vision als Grundlage für berufliche Erfolge steht heute im Mittelpunkt. Sie sollten eine feste und überzeugende Vorstellung von den angestrebten Zielen haben. Eine solche Vision fungiert als Samen, der, gepflegt durch bewusste Manifestation und kontinuierliche Anstrengungen, zu beruflichem Erfolg heranwachsen kann. Im Kern dieses Gedankens steht die Überzeugung, dass die Stärke und Klarheit Ihrer Vision Ihre beruflichen Ambitionen entscheidend prägen und vorantreiben.

Tageszeit	Aktivität	Beschreibung
Morgen	Dankbarkeitspraxis	
	Affirmationspraxis	
Mittag	Manifestations-übung	Manifestationsübung 3
	Fokusmeditation	Fokusmeditation 3
Abend	Tagesreflexion	Reflexionsfragen: „Wie beeinflusste meine Vision heute meine beruflichen Entscheidungen?“

„Welche Fortschritte habe ich heute erzielt?"

Affirmationspraxis

Tipp des Tages: Denken Sie über den Einfluss Ihrer beruflichen Vision auf Ihre Entscheidungen und Handlungen nach. Betrachten Sie jede klar definierte Vision als Startpunkt für die Umsetzung Ihrer beruflichen Ziele. Finden Sie Wege, wie Sie Ihre Vision täglich nähren und in die Realität umsetzen können. Jede Aktion und jeder Gedanke sollten als integraler Bestandteil des Prozesses gesehen werden, der Ihre Vision Wirklichkeit werden lässt. Überlegen Sie, welche Schritte Sie bereits unternommen haben, und planen Sie die nächsten Aktionen, die Sie Ihrem beruflichen Erfolg näherbringen.

Nachfolgend zur Veranschaulichung eine beispielhafte Mustertabelle, die diesen Vorgang verdeutlicht:

Datum	Erreichte Schritte	Auswirkungen auf berufliche Vision	Nächste geplante Aktionen
01.01.	Networking-Event besucht	Kontakte geknüpft, die zur Vision passen	Follow-up-E-Mails senden
05.01.	Fachliteratur gelesen	Wissen erweitert, das für Karriereziele relevant ist	Wissen in aktuellen Projekten anwenden
10.01.	Fortbildung besucht	Neue Fähigkeiten erworben, die berufliche Entwicklung fördern	Neuerlerntes im Berufsalltag integrieren
15.01.	Projekt erfolgreich abgeschlossen	Beitrag zur Erreichung langfristiger Karriereziele	Feedback einholen und nächstes Projekt planen
20.01.	Selbstreflexion durchgeführt	Stärken und Entwicklungsbereiche identifiziert	An Schwächen arbeiten, Stärken weiter ausbauen

Tag 30

Stichwort des Tages: Die Summe kleiner Anstrengungen

Erfolg ist das Ergebnis kontinuierlicher, kleiner Schritte, die konsequent unternommen werden. Jeden Tag geleistete Arbeit und Engagement summieren sich im Laufe der Zeit und können zu bedeutenden Erfolgen führen. Erkennen Sie an, dass beruflicher Erfolg selten über Nacht kommt, sondern durch die stetige Anwendung von Anstrengung und Fokussierung erreicht wird.

Tageszeit	Aktivität	Beschreibung
Morgen	Dankbarkeitspraxis	
	Affirmationspraxis	
Mittag	Manifestations-übung	Manifestationsübung 3
	Fokusmeditation	Fokusmeditation 3
Abend	Tagesreflexion	Reflexionsfragen: „Welche kleinen Schritte habe ich heute unternommen, um meinem beruflichen Ziel näher zu kommen?“ „Wie tragen meine täglichen Anstrengungen zu meinem langfristigen Erfolg bei?“
	Affirmationspraxis	

Tipp des Tages: Betrachten Sie Ihre täglichen Anstrengungen als wertvolle Beiträge zu Ihrem beruflichen Erfolg. Erinnern Sie sich daran, dass jeder kleine Schritt, den Sie unternehmen, Sie Ihrem Ziel näherbringt. Überlegen Sie, wie Sie durch tägliche, zielgerichtete Aktionen und Gedanken Ihre beruflichen Ambitionen nachhaltig unterstützen können. Erwägen Sie, wie jede kleine Anstrengung, die Sie heute machen, ein Baustein auf dem Weg zu Ihrem langfristigen Erfolg ist. Sinnieren Sie über die Bedeutung von Ausdauer und Engagement und darüber, wie diese Eigenschaften Ihnen helfen, Ihre beruflichen Ziele zu erreichen und zu übertreffen.

Tag 31

Stichwort des Tages: Wenn Vorbereitung auf Gelegenheit trifft

Erfolg ist nicht zufällig, sondern entsteht aus der Kombination von harter Arbeit, Lernbereitschaft und der Fähigkeit, sich bietende Chancen zu ergreifen. Entwickeln Sie sich kontinuierlich weiter, sodass, wenn sich Gelegenheiten bieten, Sie bereit sind, diese zu ergreifen. Darüber hinaus ist das Stichwort eine Erinnerung daran, dass die aktive Gestaltung des eigenen Weges und die Bereitschaft, sich auf neue Herausforderungen einzulassen, wesentliche Faktoren für den beruflichen Erfolg sind.

Tageszeit	Aktivität	Beschreibung
Morgen	Dankbarkeitspraxis	
	Affirmationspraxis	
Mittag	Manifestationsübung	Manifestationsübung 3
	Fokusmeditation	Fokusmeditation 3
Abend	Tagesreflexion	Reflexionsfragen: „Wie habe ich mich heute auf zukünftige berufliche Chancen vorbereitet?" „Welche Gelegenheiten habe ich heute erkannt und genutzt?"
	Affirmationspraxis	

Tipp des Tages: Betrachten Sie die Bedeutung der Vorbereitung und des Erkennens von beruflichen Gelegenheiten. Beachten Sie, wie Ihre täglichen Anstrengungen und Lernprozesse Sie auf kommende Chancen vorbereiten. Bedenken Sie, wie Sie aktiv Schritte unternehmen können, um für zukünftige berufliche Möglichkeiten bereit zu sein. Berücksichtigen Sie, wie die Kombination aus Vorbereitung und Gelegenheitsnutzung zu bedeutsamen Durchbrüchen und Erfolgen in Ihrer Karriere führen kann. Denken Sie darüber nach, wie Sie kontinuierlich lernen und sich weiterentwickeln können, um für kommende Herausforderungen gerüstet zu sein.

Tag 32

Stichwort des Tages: Leidenschaft

Erkennen Sie die Kraft der Leidenschaft als entscheidenden Faktor für beruflichen Erfolg. Leidenschaft ist der treibende Motor, der Sie durch Herausforderungen führt und Ihnen die Ausdauer und Kreativität verleiht, um Ihre beruflichen Ziele zu erreichen. Die Idee ist, dass, wenn Sie das tun, was Sie leidenschaftlich lieben, Ihre Arbeit nicht nur erfüllender ist, sondern Sie auch natürlicherweise zum Erfolg führt. Die Verbindung zwischen Leidenschaft und beruflichem Erfolg wird hier als wesentlich dargestellt – es ist die Leidenschaft, die Ihrer Arbeit Sinn gibt und Sie dazu inspiriert, über sich hinauszuwachsen.

Tageszeit	Aktivität	Beschreibung
Morgen	Dankbarkeitspraxis	
	Affirmationspraxis	
Mittag	Manifestationsübung	Manifestationsübung 3
	Fokusmeditation	Fokusmeditation 3
Abend	Tagesreflexion	Reflexionsfragen: „Wie hat meine Leidenschaft heute meine beruflichen Entscheidungen beeinflusst?“ „In welchen Momenten habe ich heute meine Leidenschaft am stärksten gespürt?“
	Affirmationspraxis	

Tipp des Tages: Denken Sie über die Rolle Ihrer Leidenschaft in Ihrer beruflichen Laufbahn nach. Erwägen Sie, wie Ihre Leidenschaft Ihnen Energie, Kreativität und Durchhaltevermögen verleiht. Denken Sie darüber nach, wie Sie Ihre Leidenschaft in Ihrer täglichen Arbeit ausdrücken und nutzen können, um Ihre beruflichen Ziele zu erreichen. Bedenken Sie, dass die Verfolgung Ihrer Leidenschaft oft zu erfüllenden und erfolgreichen beruflichen Wegen führt. Erkennen Sie an, dass die Verbindung zwischen dem, was Sie leidenschaftlich tun, und dem, was Sie beruflich erreichen wollen, ein Schlüsselfaktor für langfristigen Erfolg und Zufriedenheit ist.

Tag 33

Stichwort des Tages: Es ist kein Zufall

Heute liegt der Fokus darauf, dass beruflicher Erfolg das direkte Resultat von zielgerichtetem Handeln und Engagement ist. Erfolg ist weniger eine Frage des Glücks, sondern resultiert vielmehr aus dem unermüdlichen Streben nach Zielen und dem unerschütterlichen Einsatz für ebendiese Ziele. Die Idee dahinter ist, dass Sie durch fokussiertes und engagiertes Arbeiten Schritt für Schritt Ihre beruflichen Ambitionen verwirklichen können.

Tageszeit	Aktivität	Beschreibung
Morgen	Dankbarkeitspraxis	
	Affirmationspraxis	
Mittag	Manifestations-übung	Manifestationsübung 3
	Fokusmeditation	Fokusmeditation 3
Abend	Tagesreflexion	Reflexionsfragen: „Wie habe ich heute meine Ziele mit Entschlossenheit verfolgt?“

		„Wie hat mein Engagement heute zu meinem beruflichen Fortschritt beigetragen?“
	Affirmationspraxis	

Tipp des Tages: Denken Sie über die entscheidenden Rollen nach, die zielstrebiges Handeln und Engagement in Ihrer beruflichen Laufbahn spielen. Überlegen Sie, wie Sie Ihre Ziele täglich mit fokussierter Energie und Hingabe verfolgen können. Bedenken Sie, dass jeder Schritt, den Sie zielgerichtet unternehmen, Sie Ihrem beruflichen Erfolg näherbringt. Wie können Sie Herausforderungen als Chancen nutzen, um Ihre Entschlossenheit und Ihr Engagement zu stärken und Ihre beruflichen Ziele zu erreichen? Erinnern Sie sich daran, dass konstante Bemühungen und Engagement unverzichtbar für die Verwirklichung Ihrer beruflichen Vision sind.

Tag 34

Stichwort des Tages: Mit Beharrlichkeit zum Triumph

Beharrliches und beständiges Streben ist wesentlich für den beruflichen Erfolg. Erfolg wird nicht durch große Sprünge, sondern oft durch stetiges, beharrliches Voranschreiten erreicht. Beharrlichkeit dient als Schlüsselkomponente für berufliche Erfolge und ermöglicht es, trotz Rückschlägen und Herausforderungen am Ziel festzuhalten. Die Botschaft ist klar: Durchhaltevermögen und Ausdauer sind in der beruflichen Laufbahn genauso wichtig wie Talent und Gelegenheit.

Tageszeit	Aktivität	Beschreibung
Morgen	Dankbarkeitspraxis	
	Affirmationspraxis	
Mittag	Manifestations-übung	Manifestationsübung 3
	Fokusmeditation	Fokusmeditation 3
Abend	Tagesreflexion	Reflexionsfragen:

		„Wie habe ich heute Beharrlichkeit gezeigt?“ „Welche Herausforderungen habe ich durch Ausdauer überwunden?“
	Affirmationspraxis	

Tipp des Tages: Überdenken Sie, wie Beharrlichkeit und Ausdauer Ihre beruflichen Ziele vorantreiben. Erkennen Sie, dass jede Anstrengung, auch wenn sie klein erscheint, zur Erreichung Ihrer beruflichen Ambitionen beiträgt. Beharrlichkeit ist oft der entscheidende Faktor zwischen Herausforderung und Erfolg. Setzen Sie die Kraft des beharrlichen Handelns ein, um Ihre beruflichen Träume Wirklichkeit werden zu lassen.

Tag 35

Stichwort des Tages: Erfolg ist eine Reise

Der heutige Leitsatz betont, dass der Weg zum beruflichen Erfolg genauso wichtig ist wie das Erreichen der Ziele selbst. Er ermutigt dazu, den gesamten Prozess – die Herausforderungen, das Lernen und die Entwicklung – zu schätzen und nicht nur das Endresultat. Dieser Gedanke legt nahe, dass berufliche Erfüllung und Wachstum in jedem Schritt der Reise zu finden sind und dass jeder Aspekt der beruflichen Entwicklung wertvolle Erfahrungen und Einsichten bietet. Die Idee ist, dass der Weg zum Erfolg eine kontinuierliche Reise ist, voller Lektionen und Gelegenheiten, die ebenso bereichernd sind wie das Erreichen des eigentlichen Ziels.

Tageszeit	Aktivität	Beschreibung
Morgen	Dankbarkeitspraxis	
	Affirmationspraxis	
Mittag	Manifestations-übung	Manifestationsübung 3
	Fokusmeditation	Fokusmeditation 3

Abend	Tagesreflexion	Reflexionsfragen: „Welche Lektionen habe ich heute auf meinem beruflichen Weg gelernt?" „Wie hat mein heutiger Fortschritt meine berufliche Reise bereichert?"
	Affirmationspraxis	

Tipp des Tages: Betrachten Sie jeden einzelnen Schritt auf Ihrem beruflichen Weg als einen wichtigen Beitrag zum Gesamterfolg. Erinnern Sie sich daran, dass Herausforderungen, Erfolge und Lernerfahrungen auf diesem Weg integraler Bestandteil Ihrer beruflichen Reise sind. Nehmen Sie sich Zeit, um über die Entwicklung, die Sie durchgemacht haben, und die Lektionen, die Sie unterwegs gelernt haben, nachzudenken und deren Wert zu erkennen. Jeder dieser Schritte formt und definiert Ihren beruflichen Fortschritt und Ihr Wachstum. Schätzen Sie nicht nur das Erreichen Ihrer Ziele, sondern auch die Reise dorthin. Machen Sie sich klar, wie jeder Fortschritt und jede Hürde letztendlich zu Ihrer beruflichen Entwicklung und zu Ihrem Erfolg beigetragen haben. Erwägen Sie, wie die Anerkennung und Wertschätzung jedes kleinen Erfolgs auf diesem Weg Ihre Motivation und Ihre Fähigkeit, größere Ziele zu erreichen, stärken.

Nutzen Sie den folgenden Leitfaden, um Ihre Entwicklung zu analysieren:

- **Datum / Zeitraum:**

o Notieren Sie das Datum oder den Zeitraum, auf den sich Ihre Reflexion bezieht.

- **Ereignisse / Herausforderungen:**

o Schreiben Sie auf, welche wichtigen Ereignisse oder Herausforderungen Sie in diesem Zeitraum erlebt haben.

- **Gelernte Lektionen:**

o Betrachten Sie die Lektionen, die Sie aus diesen Ereignissen oder Herausforderungen gezogen haben.

- **Entwicklungsschritte:**

o Beschreiben Sie, wie diese Erfahrungen zu Ihrer persönlichen oder beruflichen Entwicklung beigetragen haben.

- **Emotionale Reaktionen:**

o Notieren Sie Ihre emotionalen Reaktionen auf diese Ereignisse und das, was sie über Sie selbst offenbaren.

- **Nächste Schritte / Pläne:**

o Überlegen Sie, welche nächsten Schritte oder Pläne Sie aufgrund dieser Reflexionen umsetzen möchten.

WOCHE 6 – STÄRKUNG ZWISCHENMENSCHLICHER BEZIEHUNGEN

Tag 36

Stichwort des Tages: Achtsamkeit und positive Absicht

Seien Sie bewusst in der Art und Weise, wie Sie mit anderen interagieren und positive Absichten in Ihren Beziehungen pflegen. Bewusst gesetzte positive Gedanken und Intentionen können dazu beitragen, harmonische und erfüllende Beziehungen zu schaffen. Die Erkenntnis, dass die Qualität unserer Gedanken und Absichten einen direkten Einfluss auf unsere sozialen Interaktionen hat, legt nahe, dass durch Achtsamkeit und Positivität die Beziehungen zu anderen Menschen aufblühen können.

Tageszeit	Aktivität	Beschreibung
Morgen	Dankbarkeitspraxis Affirmationspraxis	
Mittag	Manifestations-übung	Manifestationsübung 3

	Fokusmeditation	Fokusmeditation 3
Abend	Tagesreflexion	Reflexionsfragen: „Wie beeinflussten meine Gedanken und Intentionen heute meine Beziehungen?“ „Wann zeigte ich heute Achtsamkeit in meinen Interaktionen?“
	Affirmationspraxis	

Tipp des Tages: Überlegen Sie, wie bewusst gesetzte, positive Gedanken und Absichten Ihre Interaktionen und Beziehungen verbessern können. Denken Sie darüber nach, wie Sie durch achtsame Kommunikation und das Pflegen von Positivität tiefere und erfüllendere Beziehungen schaffen können. Erkennen Sie an, dass die Qualität Ihrer Gedanken und Intentionen einen wesentlichen Einfluss auf die Art und Weise hat, wie Sie mit anderen interagieren und wie sich diese Interaktionen entwickeln. Erwägen Sie, wie Sie durch das bewusste Gestalten Ihrer Gedanken und Absichten nicht nur Ihr eigenes Wohlbefinden, sondern auch das Ihrer Mitmenschen positiv beeinflussen können.

Tag 37

Stichwort des Tages: Harmonie in Beziehungen

Durch die bewusste Manifestation positiver Emotionen und Gedanken entsteht ein Umfeld der Harmonie und des Verständnisses, das gesunde und starke Beziehungen begünstigt. Die Art und Weise, wie Sie über Ihre Beziehungen denken und fühlen, hat einen direkten Einfluss auf deren Entwicklung und die Art Ihrer Interaktionen.

Tageszeit	Aktivität	Beschreibung
Morgen	Dankbarkeitspraxis	
	Affirmationspraxis	

Mittag	Manifestations-übung	Manifestationsübung 3
	Fokusmeditation	Fokusmeditation 3
Abend	Tagesreflexion	Reflexionsfragen: „Wie haben meine Gedanken und Gefühle heute meine Beziehungen beeinflusst?" „In welchen Momenten konnte ich Positivität manifestieren?"
	Affirmationspraxis	

Tipp des Tages: Erforschen Sie die Wirkung positiver Gedanken und Gefühle auf Ihre Beziehungen. Bedenken Sie, wie bewusste Positivität in Ihren Interaktionen zu harmonischeren Beziehungen führen kann. Denken Sie daran, wie die Praxis von Positivität Ihre Beziehungen bereichern und Ihr eigenes Wohlbefinden stärken kann. Erkennen Sie die Bedeutung Ihrer inneren Haltung und Gedanken bei der Gestaltung Ihrer sozialen Welt an. Bedenken Sie Situationen, in denen eine positive Einstellung die Dynamik Ihrer Beziehungen positiv beeinflusst hat.

Anleitung zur Analyse Ihrer Beziehungen:

• Denken Sie an jüngste Interaktionen mit Freunden, Familienmitgliedern oder Kollegen, die herausfordernd oder bedeutungsvoll waren.

• Analysieren Sie Ihre Gedanken und Gefühle, die Sie in diesen Situationen hatten:

o Waren diese überwiegend positiv oder negativ?

o Wie haben die Gedanken und Gefühle Ihre Reaktionen und Ihr Verhalten beeinflusst?

o Wie haben Ihre Reaktionen die Dynamik der Beziehung beeinflusst – sowohl positiv als auch negativ?

- Überlegen Sie, wie Sie bewusst positive Gedanken und Gefühle in zukünftigen Interaktionen einbringen können, um die Qualität Ihrer Beziehungen zu verbessern.
- Definieren Sie kleine, erreichbare Ziele, um Positivität in Ihren täglichen Interaktionen zu praktizieren, wie z. B. das bewusste Anbieten von Komplimenten oder das aktive Zuhören.

Tag 38

Stichwort des Tages: Akzeptanz und Authentizität

Der heutige Gedanke hebt hervor, wie entscheidend Akzeptanz und Authentizität für die Qualität unserer Beziehungen sind. Er ermutigt dazu, andere in ihrer Einzigartigkeit zu respektieren und zu akzeptieren, ohne den Versuch, sie zu verändern. Gleichzeitig betont er die Bedeutung, sich selbst treu zu bleiben und eigene Werte und Überzeugungen in Beziehungen zu bewahren. Die Idee ist, dass wahre Harmonie in Beziehungen entsteht, wenn sowohl Akzeptanz des anderen als auch Authentizität des Selbst Hand in Hand gehen.

Tageszeit	Aktivität	Beschreibung
Morgen	Dankbarkeitspraxis	
	Affirmationspraxis	
Mittag	Manifestations-übung	Manifestationsübung 3
	Fokusmeditation	Fokusmeditation 3
Abend	Tagesreflexion	Reflexionsfragen: „Wie habe ich heute andere akzeptiert und gleichzeitig meine Authentizität bewahrt?“ „In welchen Momenten habe ich Harmonie durch Akzeptanz und Authentizität erlebt?“

Affirmationspraxis

Tipp des Tages: Erwägen Sie die Bedeutung von Akzeptanz und Authentizität in Ihren Beziehungen. Stellen Sie sich vor, wie das respektvolle Akzeptieren anderer Menschen in ihrer Einzigartigkeit und das gleichzeitige Bewahren Ihrer eigenen Authentizität zu erfüllenden und harmonischen Beziehungen führen können. Denken Sie an Wege, um in Ihren sozialen Interaktionen ein Gleichgewicht zwischen der Annahme anderer und der Bewahrung Ihrer eigenen Identität zu finden. Bedenken Sie, dass die Fähigkeit, andere so zu akzeptieren, wie sie sind, und gleichzeitig sich selbst treu zu bleiben, grundlegend für gesunde Beziehungen ist. Erinnern Sie sich an Momente, in denen Akzeptanz und Authentizität zu positiven und tiefgründigen Beziehungserfahrungen geführt haben.
Hier eine Vorlage zur Reflexion über Akzeptanz und Authentizität:

- Denken Sie an spezifische Momente in Ihren Beziehungen zurück, in denen Sie sich vollkommen akzeptiert oder besonders authentisch gefühlt haben.
- Notieren Sie die Umstände dieser Erlebnisse:
  - Was war die Situation?
  - Wer war beteiligt?
  - Wie haben Sie sich gefühlt?
- Überlegen Sie, wie in diesen Momenten Akzeptanz und Authentizität zum Ausdruck kamen:
  - Wie haben Sie sich und andere akzeptiert?
  - Inwiefern waren Sie authentisch?
  - Was hat sich dadurch verändert oder verbessert?
- Überlegen Sie, wie Sie diese Erkenntnisse in zukünftige Interaktionen einbringen können. Wie können Sie bewusst Akzeptanz und Authentizität in Ihren Beziehungen fördern?

- Formulieren Sie konkrete Ziele, wie Sie in Zukunft Akzeptanz und Authentizität in Ihren Beziehungen praktizieren möchten. Zum Beispiel könnten Sie sich vornehmen, regelmäßig aufmerksam zuzuhören, eigene Grenzen zu respektieren oder offener über Ihre Gefühle zu sprechen.

Tag 39

Stichwort des Tages: Empathie und Verständnis

Heute steht die Bedeutung von Empathie und Verständnis als Fundament für starke und gesunde Beziehungen im Vordergrund. Die Fähigkeit, sich in andere hineinzuversetzen und ihre Perspektiven zu verstehen, ist wesentlich, um tiefe und bedeutungsvolle Verbindungen zu schaffen. Durch Empathie und Verständnis können Sie nicht nur die Bedürfnisse und Gefühle anderer besser wahrnehmen, sondern auch Konflikte lösen und eine Umgebung des gegenseitigen Respekts und der Unterstützung aufbauen. Fühlen Sie sich heute dazu ermutigt, aktiv Empathie zu praktizieren und Verständnis in Ihren Beziehungen zu zeigen, um so eine stärkere, tiefere Verbindung zu anderen zu entwickeln.

Tageszeit	Aktivität	Beschreibung
Morgen	Dankbarkeitspraxis	
	Affirmationspraxis	
Mittag	Manifestations-übung	Manifestationsübung 3
	Fokusmeditation	Fokusmeditation 3
Abend	Tagesreflexion	Reflexionsfragen: „Wie habe ich heute Empathie und Verständnis in meinen Beziehungen gezeigt?“ „Wie haben diese Qualitäten meine Beziehungen heute beeinflusst?“

	Affirmationspraxis	

Tipp des Tages: Denken Sie an die Rolle von Empathie und Verständnis in Ihren Beziehungen. Erwägen Sie, wie das aktive Praktizieren von Empathie und das Zeigen von Verständnis helfen können, tiefere und stärkere Verbindungen zu anderen aufzubauen. Überlegen Sie, wie Sie durch das Entwickeln dieser Qualitäten sowohl Konflikte lösen als auch eine Atmosphäre des gegenseitigen Respekts und der Unterstützung schaffen können. Bedenken Sie, dass Empathie und Verständnis nicht nur das Wohlergehen der anderen fördern, sondern auch Ihre eigenen Beziehungserfahrungen bereichern. Betrachten Sie Situationen, in denen Ihre Fähigkeit zur Empathie und zum Verständnis dazu beigetragen hat, Ihre Beziehungen positiv zu gestalten.

Tag 40

Stichwort des Tages: Effektive Kommunikation

Der Gedanke, dass effektive Kommunikation wie eine Brücke wirkt, die Menschen verbindet, steht am heutigen Tag im Vordergrund. Durch offene, ehrliche und respektvolle Kommunikation können Verständnis und bedeutungsvolle Verbindungen mit Ihren Mitmenschen entstehen. Arbeiten Sie heute aktiv an Ihrer Kommunikationsfähigkeit, um Missverständnisse zu vermeiden und ein tieferes Verständnis für andere zu entwickeln. Die Idee ist, dass durch bewusste und positive Kommunikation Beziehungen gestärkt werden und Vertrauen aufgebaut wird.

Tageszeit	Aktivität	Beschreibung
Morgen	Dankbarkeitspraxis	
	Affirmationspraxis	
Mittag	Manifestationsübung	Manifestationsübung 3
	Fokusmeditation	Fokusmeditation 3
Abend	Tagesreflexion	Reflexionsfragen:

„Wie hat meine Kommunikation heute meine Beziehungen beeinflusst?"

„In welchen Gesprächen konnte ich heute positive Kommunikation praktizieren?"

Affirmationspraxis

Tipp des Tages: Bedenken Sie, wie entscheidend offene und effektive Kommunikation für das Wachsen und Gedeihen Ihrer Beziehungen ist. Überlegen Sie, wie Sie durch bewusstes und positives Kommunizieren Missverständnisse minimieren und tiefere Verbindungen schaffen können. Denken Sie darüber nach, wie klare Kommunikation das Vertrauen und Verständnis in Beziehungen stärkt. Erwägen Sie, wie Sie durch das Verbessern Ihrer Kommunikationsfähigkeiten nicht nur Ihre Beziehungen bereichern, sondern auch ein unterstützendes und verständnisvolles Umfeld für alle Beteiligten schaffen können. Reflektieren Sie über Momente, in denen effektive Kommunikation eine entscheidende Rolle in der Stärkung Ihrer Beziehungen gespielt hat.

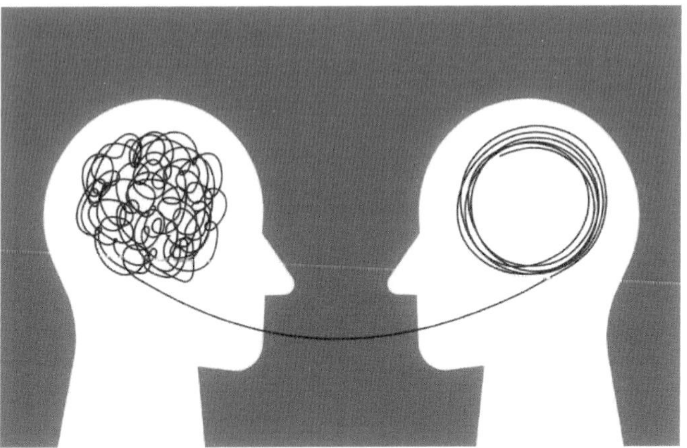

Tag 41

Stichwort des Tages: Gegenseitige Wertschätzung

Heute liegt der Fokus auf der essentiellen Rolle der Wertschätzung in Beziehungen. Erkennen und schätzen Sie die Qualitäten und Beiträge von anderen, um eine tiefe und beständige Verbindung zu schaffen. Etablieren Sie ein Umfeld des Respekts und der Wertschätzung, indem Sie aktiv Dankbarkeit und Anerkennung in Beziehungen zeigen. Die Praxis der Wertschätzung stärkt nicht nur die Bindungen, sondern fördert auch ein Gefühl der Zufriedenheit und Erfüllung in Beziehungen.

Tageszeit	Aktivität	Beschreibung
Morgen	Dankbarkeitspraxis	
	Affirmationspraxis	
Mittag	Manifestations-übung	Manifestationsübung 3
	Fokusmeditation	Fokusmeditation 3
Abend	Tagesreflexion	Reflexionsfragen: „Wie habe ich heute Wertschätzung in meinen Beziehungen gezeigt?" „Welchen Einfluss hatte meine Wertschätzung heute auf meine Beziehungen?"
	Affirmationspraxis	

Tipp des Tages: Denken Sie über die Bedeutung der Wertschätzung in Ihren Beziehungen nach. Überlegen Sie, wie das aktive Zeigen von Dankbarkeit und Anerkennung Ihre Beziehungen verbessern kann. Bedenken Sie, wie gegenseitige Wertschätzung zu tieferem Verständnis und stärkeren Bindungen führen kann, und erkennen Sie an, dass die Praxis der Wertschätzung die Beziehungen nicht nur stärkt, sondern auch ein Gefühl der Zufriedenheit und Erfüllung für beide Seiten schafft.

Tag 42

Stichwort des Tages: Die Qualität Ihrer Gedanken

Das heutige Stichwort hebt die Verbindung zwischen der Qualität Ihrer Gedanken und der Qualität Ihrer Beziehungen hervor. Überlegen Sie, wie Ihre inneren Überzeugungen und Einstellungen Ihre Interaktionen und Beziehungen beeinflussen. Dieser Gedanke unterstreicht, dass positive, liebevolle und unterstützende Gedanken zu ebensolchen Beziehungen führen können. Beachten Sie, dass Sie durch das Kultivieren von positiven Gedankenmustern und einer offenen, akzeptierenden Haltung die Art Ihrer Beziehungen zum Besseren verändern können. Die Botschaft lautet: Durch bewusste Selbstreflexion und -entwicklung steigern Sie nicht nur Ihr eigenes Wohlergehen, sondern schaffen auch tiefere und zufriedenstellende Beziehungen.

Tageszeit	Aktivität	Beschreibung
Morgen	Dankbarkeitspraxis	
	Affirmationspraxis	
Mittag	Manifestations-übung	Manifestationsübung 3
	Fokusmeditation	Fokusmeditation 3
Abend	Tagesreflexion	Reflexionsfragen: „Wie haben meine Gedanken und Überzeugungen heute meine Beziehungen beeinflusst?“ „In welchen Momenten konnte ich positive Gedanken in meinen Beziehungen manifestieren?“
	Affirmationspraxis	

Tipp des Tages: Überlegen Sie, wie das Kultivieren von positiven, unterstützenden Gedankenmustern Ihre Beziehungen verbessern kann. Denken Sie darüber nach, wie eine positive Einstellung zu sich selbst und anderen zu harmonischeren und erfüllenderen Beziehungen führen kann. Bedenken Sie, dass die bewusste Entwicklung Ihrer inneren Haltung nicht nur Ihr persönliches Wohlbefinden steigert, sondern auch zu tieferen und zufriedeneren Beziehungen beiträgt.

Übung zur Entwicklung einer positiven inneren Haltung:

• Beginnen Sie mit einer ruhigen Reflexion Ihrer aktuellen Gedanken und Gefühle:

o Wie denken Sie über sich selbst?

o Welche Gedanken haben Sie über die Menschen in Ihrem Leben?

• Erkennen Sie negative Gedankenmuster oder Einstellungen, die sich möglicherweise auf Ihre Beziehungen auswirken. Notieren Sie diese Muster.

• Ersetzen Sie jedes negative Muster durch eine positive Affirmation oder ein unterstützendes Gedankenmuster.

o Beispiel: Anstelle von „Ich bin nicht gut genug" könnten Sie denken: „Ich bin wertvoll."

• Versuchen Sie so gut wie möglich, jedoch ohne Druck, diese positiven Gedankenmuster täglich zu etablieren. Wenn Sie merken, dass Sie in alte Muster zurückfallen, erinnern Sie sich einfach an Ihre positiven Affirmationen.

• Achten Sie darauf, wie sich Ihre Beziehungen verändern, wenn Sie positive Gedankenmuster kultivieren, und beobachten Sie, wie sich Ihre Interaktionen verbessern.

• Halten Sie Ihre Fortschritte und Erkenntnisse in Ihrem Tagebuch fest. Notieren Sie, wie sich Ihre Beziehungen und Ihr Wohlbefinden mit der Zeit zum Besseren verändern.

WOCHE 7 – PERSÖNLICHES WACHSTUM UND ENTWICKLUNG

Tag 43

Stichwort des Tages: Selbstentwicklung für die Manifestation

Heute liegt der Schwerpunkt auf der Rolle der Selbstentwicklung als zentrales Element der Manifestation. Durch bewusste Selbstentwicklung können Sie aktiv Ihre Zukunft gestalten. Sehen Sie sich als Schöpfer des eigenen Lebensweges und übernehmen Sie die Verantwortung für das eigene Wachstum. Durch die stetige Entwicklung und Verbesserung des Selbst können Sie nicht nur Ihr eigenes Potenzial ausschöpfen, sondern auch eine Zukunft schaffen, die Ihren wahren Wünschen und Bestrebungen entspricht.

Tageszeit	Aktivität	Beschreibung
Morgen	Dankbarkeitspraxis	
	Affirmationspraxis	
Mittag	Manifestations-übung	Manifestationsübung 1
	Fokusmeditation	Fokusmeditation 1
Abend	Tagesreflexion	Reflexionsfragen: „Wie habe ich heute zur Entwicklung meines Selbst beigetragen?" „Welche Schritte habe ich unternommen, um meine Zukunft zu gestalten?"
	Affirmationspraxis	

Tipp des Tages: Überlegen Sie, wie Sie die Selbstentwicklung als Mittel zur Gestaltung Ihrer Zukunft nutzen können. Denken Sie darüber nach, wie jede bewusste Anstrengung in Ihrer persönlichen Entwicklung direkt zu Ihren langfristigen Zielen und Träumen beiträgt. Erkennen Sie an, dass Sie durch Selbstentwicklung die Macht haben, die Architektur Ihres Lebens zu formen. Denken Sie an die Fortschritte, die Sie bereits gemacht haben, und daran, wie diese Sie Ihren Zielen näherbringen. Bedenken Sie, dass jeder Schritt der Selbstentwicklung ein Schritt hin zu einer Zukunft ist, die Ihren wahren Bestrebungen entspricht.

Tag 44

Stichwort des Tages: Bewusstsein für das eigene Wachstum

Heute liegt der Fokus auf der Bedeutung Ihres Bewusstseins für Ihre eigene Entwicklung und darauf, wie dies neue Chancen für Sie eröffnet. Überlegen Sie, wie das Erkennen und Würdigen Ihres eigenen Wachstums und Ihrer persönlichen Entwicklung entscheidend sind, um neue Möglichkeiten in Ihrem Leben zu entdecken und zu nutzen. Bedenken Sie, dass Sie durch ein erhöhtes Selbstbewusstsein und die Anerkennung Ihrer eigenen Fortschritte nicht nur Ihre Fähigkeiten erweitern, sondern auch offener für neue Erfahrungen und Gelegenheiten werden. Die Botschaft lautet: Ihr Bewusstsein für die eigene Entwicklung ist ein Schlüsselelement, um sich selbst zu ermächtigen und den Weg für weiteres Wachstum und Erfolg zu ebnen.

Tageszeit	Aktivität	Beschreibung
Morgen	Dankbarkeitspraxis	
	Affirmationspraxis	
Mittag	Manifestationsübung	Manifestationsübung 1
	Fokusmeditation	Fokusmeditation 1
Abend	Tagesreflexion	Reflexionsfragen: „Welche Fortschritte in meiner Entwicklung habe ich heute bemerkt?“

		„Wie hat mein Bewusstsein für das eigene Wachstum heute neue Perspektiven eröffnet?“
	Affirmationspraxis	

Tipp des Tages: Erwägen Sie, wie das Erkennen und Schätzen Ihrer eigenen Fortschritte Ihre Offenheit für neue Erfahrungen und Chancen erhöht. Bedenken Sie, wie ein klares Verständnis Ihrer Entwicklung es Ihnen ermöglichen kann, sich selbst zu ermächtigen und weitere Möglichkeiten für persönliches Wachstum zu erkunden. Reflektieren Sie über die bereits erzielten Fortschritte und darüber, wie diese Ihre Perspektive auf das Leben und Ihre Ziele beeinflusst haben. Realisieren Sie, dass jede Erkenntnis Ihrer Entwicklung nicht nur eine Bestätigung Ihrer Anstrengungen ist, sondern auch eine Einladung, kontinuierlich zu wachsen und sich zu entfalten.

Tag 45

Stichwort des Tages: Jeder Schritt zählt

Der heutige Tag konzentriert sich auf die fortwährende Reise der Selbstentwicklung und die Bedeutung jedes einzelnen Schrittes auf diesem Weg. Jeder Akt der Selbstverbesserung und jedes Stück Wachstum führt Sie näher an Ihr Idealbild heran. Der Prozess der Selbstentwicklung ist kontinuierlich und jeder Fortschritt, egal, wie klein, ist bedeutungsvoll und wertvoll. Diese Perspektive fördert die Anerkennung und Wertschätzung jedes Schrittes auf dem Pfad des persönlichen Wachstums, da jeder dieser Schritte Sie weiter in Richtung Ihrer angestrebten Ziele und Träume bringt.

Tageszeit	Aktivität	Beschreibung
Morgen	Dankbarkeitspraxis	
	Affirmationspraxis	
Mittag	Manifestations-übung	Manifestationsübung 1

	Fokusmeditation	Fokusmeditation 1
Abend	Tagesreflexion	Reflexionsfragen: „Welche Fortschritte in meiner Entwicklung habe ich heute gemacht?" „Wie führt jeder dieser Schritte mich näher an die beste Version von mir selbst?"
	Affirmationspraxis	

Tipp des Tages: Erwägen Sie, wie jeder einzelne Fortschritt in Ihrer Selbstentwicklung einen Meilenstein auf Ihrem Weg zu persönlicher Erfüllung und Zielerreichung darstellt. Betrachten Sie, wie selbst kleine Verbesserungen und Veränderungen im Laufe der Zeit eine signifikante Transformation bewirken können. Stellen Sie sich vor, wie jede Anstrengung und jedes erreichte Ziel Sie einem erfüllteren und authentischeren Selbstbild näherbringt. Sehen Sie in der Rückschau, welche bedeutenden Schritte Sie bereits unternommen haben und wie diese Sie geformt und gestärkt haben. Nutzen Sie diese Erkenntnisse, um sich zu motivieren und sich auf Ihre zukünftigen Ziele und Träume zu konzentrieren, wissend, dass jeder Schritt, egal, wie klein, Sie voranbringt.

Tag 46

Stichwort des Tages: Kontinuität

Der heutige Tag ist dem Verständnis gewidmet, dass der Weg der Selbstentwicklung ein kontinuierlicher Prozess ist, der sowohl Geduld als auch Entschlossenheit erfordert. Wahres Wachstum braucht Zeit und die Bereitschaft, dranzubleiben und sich Herausforderungen zu stellen. Denn Fortschritt ist nicht immer linear und manchmal gibt es Rückschläge, die überwunden werden müssen. Geduld und Entschlossenheit sind Schlüsselfaktoren, um die Höhen und Tiefen des Wachstumsprozesses zu meistern und letztendlich Erfolg zu erzielen.

Tageszeit	Aktivität	Beschreibung
Morgen	Dankbarkeitspraxis	
	Affirmationspraxis	
Mittag	Manifestations-übung	Manifestationsübung 1
	Fokusmeditation	Fokusmeditation 1
Abend	Tagesreflexion	Reflexionsfragen: „Wie habe ich heute Geduld und Entschlossenheit in meiner Entwicklung gezeigt?" „Welche Herausforderungen habe ich mit Geduld und Entschlossenheit bewältigt?"
	Affirmationspraxis	

Tipp des Tages: Betrachten Sie die Unterstützung von Geduld und Entschlossenheit auf Ihrem Weg der Selbstentwicklung. Machen Sie sich bewusst, dass Fortschritte Zeit benötigen und dass die Bereitschaft, sich Herausforderungen zu stellen, entscheidend ist. Überlegen Sie, wie Sie durch Geduld und Entschlossenheit Rückschläge überwinden und kontinuierlich wachsen können. Erwägen Sie Ihre bisherigen Erfahrungen, in denen Sie trotz Herausforderungen und Rückschlägen standhaft geblieben sind. Nutzen Sie diese Erkenntnisse, um sich weiterhin auf Ihrem Weg der Selbstentwicklung zu motivieren, in dem Bewusstsein, dass jede Anstrengung und jeder Fortschritt Sie Ihrem Ziel näherbringt.

Tag 47

Stichwort des Tages: Lernen und Anpassen

Der heutige Fokus liegt auf der Idee, dass Erfolg weniger ein Ziel als vielmehr eine Reise ist, auf der ständiges Lernen und Anpassen unerlässlich sind. Dieser Gedanke hebt hervor, dass der Weg zum Erfolg geprägt ist von kontinuierlicher Entwicklung und der Bereitschaft, neue Erkenntnisse anzunehmen und umzusetzen. Er betont, dass es wichtig ist, offen für Veränderungen zu bleiben und aus Erfahrungen zu lernen, um den eigenen Weg zum Erfolg zu ebnen. Die Botschaft ist, dass der Schlüssel zum Erfolg in der Fähigkeit liegt, sich anzupassen, zu lernen und zu wachsen, unabhängig von den Herausforderungen, die das Leben bereithält.

Tageszeit	Aktivität	Beschreibung
Morgen	Dankbarkeitspraxis	
	Affirmationspraxis	
Mittag	Manifestations-übung	Manifestationsübung 1
	Fokusmeditation	Fokusmeditation 1
Abend	Tagesreflexion	Reflexionsfragen: „Was habe ich heute gelernt und wie hat es mir geholfen, mich weiterzuentwickeln?" „Wie habe ich meine Anpassungsfähigkeit heute unter Beweis gestellt?"
	Affirmationspraxis	

Tipp des Tages: Realisieren Sie, dass der Erfolg ein dynamischer Prozess ist, der Flexibilität und die Bereitschaft zur Veränderung erfordert. Überlegen Sie, wie Ihre Anpassungsfähigkeit und Ihr Lernwille Ihnen geholfen haben, Ihre Ziele in verschiedenen Situationen zu erreichen. Nutzen Sie diese Einsichten, um sich kontinuierlich auf Ihrem Weg der Selbstentwicklung und des Erfolgs zu motivieren, mit der Erkenntnis, dass jede Anstrengung und jede neue Erkenntnis Ihren Fortschritt vorantreibt.

Tag 48

Stichwort des Tages: Die richtige Entscheidung

Der heutige Tag steht im Zeichen der Erkenntnis, dass der erste Schritt zum persönlichen Wachstum in der Entscheidung liegt, sich selbst zu übertreffen. Diese Einsicht unterstreicht, dass echte Entwicklung und Fortschritt mit der bewussten Entscheidung beginnen, bestehende Grenzen zu überschreiten. Es wird darauf hingewiesen, dass diese initiale Entscheidung der Startpunkt für jegliche Veränderung und Verbesserung ist. Suchen Sie aktiv neue Herausforderungen und begeben Sie sich auf unbekannte Wege, um Ihr eigenes Potenzial voll auszuschöpfen. Es geht darum, zu erkennen, dass der Wunsch und die Bereitschaft, sich zu verbessern und weiterzuentwickeln, essenziell sind, um neue Erfolgsebenen zu erreichen und bisher unentdeckte Fähigkeiten zu entfalten.

Tageszeit	Aktivität	Beschreibung
Morgen	Dankbarkeitspraxis	
	Affirmationspraxis	
Mittag	Manifestationsübung	Manifestationsübung 1
	Fokusmeditation	Fokusmeditation 1
Abend	Tagesreflexion	Reflexionsfragen: „Welche Schritte habe ich heute unternommen, um über mich hinauszuwachsen?“ „In welchen Aspekten meines Lebens habe ich mich heute herausgefordert und Neues versucht?“
	Affirmationspraxis	

Tipp des Tages: Betrachten Sie Ihre persönliche Reise des Wachstums und erkennen Sie die Bedeutung Ihrer Entscheidungen darin. Jede Wahl, sich Herausforderungen zu stellen und über sich hinauszuwachsen, kann transformative Auswirkungen haben. Denken Sie über die spezifischen Bereiche Ihres Lebens nach, in denen Sie wachsen möchten, und setzen Sie gezielte Schritte, um dieses Wachstum zu fördern. Erinnern Sie sich an Momente, in denen Sie bewusst entschieden haben, über Ihre Grenzen hinauszugehen, und wie diese Entscheidungen Ihr Leben bereichert haben. Nutzen Sie diese Erkenntnisse, um sich weiterhin auf Ihrem Entwicklungsweg zu motivieren und sich selbst daran zu erinnern, dass jede bewusste Entscheidung zum Wachstum eine wertvolle Investition in Ihre Zukunft ist.

Übung zur Motivation auf dem Erfolgsweg:

- Erstellen Sie eine Liste Ihrer Errungenschaften und der Hindernisse, die Sie überwunden haben.
- Definieren Sie spezifische Ziele für die Bereiche Ihres Lebens, in denen Sie wachsen möchten. Seien Sie so konkret wie möglich.
- Entwickeln Sie für jedes Ziel einen klaren Aktionsplan. Überlegen Sie, welche Schritte nötig sind, um dieses Ziel zu erreichen, und setzen Sie sich realistische Fristen.
- Stellen Sie sich vor, wie es sich anfühlen wird, wenn Sie Ihre Ziele erreichen. Visualisieren Sie Ihren Erfolg und die damit verbundenen positiven Emotionen.
- Erstellen Sie eine tägliche Erinnerung oder Affirmation, die Sie an Ihre Ziele und den Wert Ihrer persönlichen Entwicklung erinnert. Sie können dafür die Erinnerungsfunktion Ihres Handys nutzen.
- Feiern Sie kleine Erfolge, lernen Sie aus Rückschlägen und belohnen Sie sich selbst für erreichte Meilensteine. Diese Belohnungen können klein und symbolisch sein, aber sie dienen als Anerkennung Ihrer Bemühungen und Fortschritte.

Tag 49

Stichwort des Tages: Jeder Fortschritt zählt

Widmen Sie dem heutigen Tag der Würdigung aller Fortschritte, unabhängig von ihrer Größe, denn jeder Schritt zählt auf dem Weg der Selbstentwicklung. Dieser Spruch erinnert daran, dass jeder kleine Erfolg, jede geringfügige Verbesserung, ein wichtiger Beitrag zum Gesamtprozess des Wachstums ist. Es geht nicht immer um große, dramatische Veränderungen, sondern oft um die stetige, schrittweise Entwicklung, die letztlich zum Erfolg führt. Fühlen Sie sich dazu ermutigt, sich selbst für jeden kleinen Fortschritt zu loben und zu erkennen, dass diese kleinen Schritte zusammengenommen eine bedeutende Reise der Veränderung und Verbesserung darstellen.

Tageszeit	Aktivität	Beschreibung
Morgen	Dankbarkeitspraxis	
	Affirmationspraxis	
Mittag	Manifestations-übung	Manifestationsübung 1
	Fokusmeditation	Fokusmeditation 1
Abend	Tagesreflexion	Reflexionsfragen: „Welche kleinen Fortschritte habe ich heute gemacht und wie tragen sie zu meinem Gesamtwachstum bei?" „Wie kann ich mich für diese kleinen Schritte feiern und würdigen?"
	Affirmationspraxis	

Tipp des Tages: Ermutigen Sie sich, jeden Fortschritt, egal, wie gering, als wichtigen Beitrag zu Ihrem Wachstum und Ihren Zielen zu sehen. Überlegen Sie, wie die Anerkennung auch der kleinsten Erfolge Sie motiviert und stärkt. Bedenken Sie, dass die Summe dieser kleinen Schritte letztendlich den Unterschied ausmacht. Erkennen Sie an, dass jeder kleine Fortschritt ein Beweis für Ihre Anstrengungen und Ihre Entwicklung ist. Nutzen Sie diese Erkenntnisse, um sich kontinuierlich auf Ihrem Weg der Selbstentwicklung zu motivieren und sich daran zu erinnern, dass jeder Schritt, egal, wie klein, Sie Ihrem Ziel näherbringt.

WOCHE 8 – ÜBERWINDUNG VON ÄUßEREN HERAUSFORDERUNGEN

Tag 50

Stichwort des Tages: Herausforderungen führen zu neuen Stärken

Heute steht die Erkenntnis im Mittelpunkt, dass jede Herausforderung ein Tor zu neuen persönlichen Stärken öffnet. Dieser Gedanke regt Sie dazu an, Schwierigkeiten nicht als bloße Hindernisse zu sehen, sondern als Chancen, bisher unbekannte Fähigkeiten in sich zu entdecken und zu entwickeln. Der Umgang mit Herausforderungen führt oft zu verborgenen Talenten und Fähigkeiten, die ohne diese Herausforderungen vielleicht unentdeckt geblieben wären. Die Botschaft ist, dass jede Begegnung mit einem Hindernis eine Möglichkeit bietet, sich selbst besser kennenzulernen und die eigene Widerstandsfähigkeit zu stärken.

Tageszeit	Aktivität	Beschreibung
Morgen	Dankbarkeitspraxis	
	Affirmationspraxis	
Mittag	Manifestationsübung	Manifestationsübung 1
	Fokusmeditation	Fokusmeditation 1
Abend	Tagesreflexion	Reflexionsfragen: „Welche neuen Stärken habe ich heute durch Herausforderungen entdeckt?" „Wie haben diese Herausforderungen zu meiner persönlichen Entwicklung beigetragen?"
	Affirmationspraxis	

Tipp des Tages: Erkennen Sie jede Herausforderung als Chance, neue Stärken in sich zu entdecken. Bedenken Sie, wie jede Schwierigkeit Ihnen helfen kann, bislang ungenutzte Fähigkeiten zu entfalten. Herausforderungen ebnen oft den Weg zum persönlichen Wachstum und zur Selbstentdeckung. Denken Sie an vergangene Erfahrungen zurück, in denen Herausforderungen zu Ihrem Wachstum beigetragen haben, und daran, wie diese Ihre Entwicklung beeinflusst haben. Verwenden Sie diese Erkenntnisse als Ansporn und erinnern Sie sich daran, dass jede Herausforderung eine Tür zu neuen, bislang unentdeckten Stärken öffnet.

Tag 51

Stichwort des Tages: Verborgene Gelegenheiten

Heute liegt der Fokus darauf, Hindernisse als versteckte Gelegenheiten zu betrachten. Dieser Gedanke soll Sie dazu motivieren, Schwierigkeiten nicht als bloße Barrieren, sondern als verborgene Chancen für Wachstum und Fortschritt zu sehen. In jedem Hindernis liegt das Potenzial für positive Veränderung und Entwicklung. Das Überwinden von Hindernissen führt oft zu unerwarteten Vorteilen und Erkenntnissen, die ohne diese Herausforderungen nicht möglich gewesen wären.

Tageszeit	Aktivität	Beschreibung
Morgen	Dankbarkeitspraxis	
	Affirmationspraxis	
Mittag	Manifestationsübung	Manifestationsübung 1
	Fokusmeditation	Fokusmeditation 1
Abend	Tagesreflexion	Reflexionsfragen: „Welche Gelegenheiten habe ich heute in Herausforderungen entdeckt?“ „Wie haben diese Herausforderungen zu meiner Entwicklung beigetragen?“
	Affirmationspraxis	

Tipp des Tages: Entdecken Sie die verborgenen Chancen in jeder Herausforderung. Überlegen Sie, wie Sie aus jeder schwierigen Situation lernen und sich weiterentwickeln können. Betrachten Sie Hindernisse als wertvolle Quellen der Lehre, die Ihnen helfen, neue Sichtweisen und Fähigkeiten zu entwickeln. Denken Sie an vergangene Situationen, in denen Sie gestärkt aus Herausforderungen hervorgegangen sind, und daran, wie diese Ihren Fortschritt unterstützt haben. Nutzen Sie diese Erkenntnisse als Ansporn und erinnern Sie sich daran, dass jede Herausforderung eine Gelegenheit darstellt, Ihre Fähigkeiten auszubauen und Ihre Manifestationsziele zu erreichen.

Tag 52

Stichwort des Tages: Hindernisse als Stufen sehen

Hindernisse stellen wichtige Stufen auf dem individuellen Weg zum Erfolg dar. Dieser Gedanke soll Sie dazu inspirieren, Schwierigkeiten nicht als Blockaden, sondern als notwendige Schritte auf dem Weg zur Verwirklichung Ihrer Ziele zu betrachten. Er betont, dass jede Begegnung mit einem Hindernis eine Gelegenheit ist, sich weiterzuentwickeln und zu beweisen. Der Kerngedanke ist, dass der Weg zum Erfolg oft über Stufen führt, die uns stärker und erfahrener machen. Diese Perspektive lädt Sie ein, Hindernisse als wertvolle Etappen auf Ihrem Weg zur Manifestation Ihrer Träume und Ziele zu sehen.

Tageszeit	Aktivität	Beschreibung
Morgen	Dankbarkeitspraxis	
	Affirmationspraxis	
Mittag	Manifestations-übung	Manifestationsübung 1
	Fokusmeditation	Fokusmeditation 1
Abend	Tagesreflexion	Reflexionsfragen: „Welche Hindernisse habe ich heute als Stufen zum Erfolg genutzt?“ „Wie haben diese Herausforderungen meine Entschlossenheit und Fähigkeiten gestärkt?“

Affirmationspraxis

Tipp des Tages: Sehen Sie in Hindernissen die Möglichkeit, sich auf Ihrem Erfolgsweg weiterzuentwickeln. Jedes Hindernis kann eine Lektion sein, die Sie Ihrem Ziel näherbringt und Sie in Ihren Fähigkeiten stärkt. Bedenken Sie, dass Herausforderungen oft entscheidende Momente des Lernens und Wachsens sind. Schauen Sie zurück auf Situationen, in denen Sie Hindernisse gemeistert haben, und darauf, wie diese Erfahrungen Sie geprägt haben. Lassen Sie sich von diesen Erkenntnissen inspirieren und daran erinnern, dass jedes Hindernis einen Schritt auf dem Weg zur Verwirklichung Ihrer Träume darstellt.

Anleitung zur Reflexion über gemeisterte Hindernisse:

- Analysieren Sie Situationen, in denen Sie auf Hindernisse und Herausforderungen gestoßen sind:
  - Was waren die genauen Herausforderungen?
  - Wie haben Sie darauf reagiert?
  - Was waren die Ergebnisse?
- Überlegen Sie, welche Lektionen Sie aus diesen Erfahrungen gelernt haben. Gab es spezielle Fähigkeiten oder Einsichten, die Sie durch das Überwinden dieser Hindernisse gewonnen haben?
- Würdigen Sie das persönliche Wachstum, das durch diese Erfahrungen entstanden ist. Auf welche Weise haben diese Herausforderungen Sie stärker oder weiser gemacht?
- Drücken Sie Dankbarkeit für die gelernten Lektionen und das daraus resultierende Wachstum aus. Auch wenn es im Moment schwierig war, haben diese Erfahrungen zu Ihrem heutigen Selbst beigetragen.
- Schreiben Sie die wichtigsten Erkenntnisse und inspirierenden Gedanken auf, die Sie aus diesen Reflexionen gewinnen. Diese können als motivierende Erinnerungen für zukünftige Herausforderungen dienen.

- Sie können die gewonnenen Erkenntnisse dazu nutzen, um Ihre zukünftigen Herausforderungen effektiver anzugehen. Planen Sie gezielt, wie Sie Ihre neu entwickelten Fähigkeiten und das erlangte Wissen in zukünftigen Situationen einsetzen werden.
- Nun ist es Zeit, anzuerkennen, dass Sie durch Ihre Erfahrungen und das Überwinden von Hindernissen gewachsen sind.
- Wenden Sie diese Reflexionsübung regelmäßig an, um sich an Ihre Fähigkeit zu erinnern, Hindernisse zu überwinden. Dies wird Ihnen helfen, auch in Zukunft mit Herausforderungen positiv und konstruktiv umzugehen.

Tag 53

Stichwort des Tages: Hindernisse machen Sie stärker

Der heutige Tag steht im Zeichen der Erkenntnis, dass Hindernisse nicht dazu da sind, den Weg zu versperren, sondern vielmehr dazu dienen, innere Stärke zu fördern. Anstatt sich von Schwierigkeiten entmutigen zu lassen, ermutigt dieser Ansatz dazu, sie als Gelegenheiten zu sehen, um wichtige Fähigkeiten zu schärfen und zu stärken. Jede Konfrontation mit einem Hindernis bietet eine Möglichkeit, Charakterstärke zu entwickeln und sich auf zukünftige Herausforderungen besser vorzubereiten.

Tageszeit	Aktivität	Beschreibung
Morgen	Dankbarkeitspraxis	
	Affirmationspraxis	
Mittag	Manifestations-übung	Manifestationsübung 1
	Fokusmeditation	Fokusmeditation 1
Abend	Tagesreflexion	Reflexionsfragen: „Wie haben die heutigen Herausforderungen meine Stärke gefördert?“

„Welche Lektionen habe ich aus den Schwierigkeiten des Tages gezogen?"

Affirmationspraxis

Tipp des Tages: Nutzen Sie jede Herausforderung, um Ihre innere Stärke zu fördern. Überlegen Sie, wie Sie durch die Bewältigung von Schwierigkeiten wachsen und lernen können. Sehen Sie in jedem Hindernis eine Gelegenheit, Ihre Fähigkeiten zu schärfen und Ihre Widerstandskraft zu stärken. Erinnern Sie sich an Situationen, in denen Sie durch Herausforderungen gewachsen sind, und daran, wie diese Erfahrungen Sie resilienter gemacht haben. Lassen Sie sich von diesen Erkenntnissen inspirieren und daran erinnern, dass jedes Hindernis eine Chance zur Entwicklung Ihrer persönlichen Stärken ist.

Übung zur Förderung der inneren Stärke:

- Nehmen Sie sich einen Moment Zeit, um über frühere Herausforderungen in Ihrem Leben nachzudenken. Erinnern Sie sich an spezifische Situationen, in denen Sie auf Schwierigkeiten gestoßen sind.

- Überlegen Sie, welche Strategien oder Verhaltensweisen Ihnen geholfen haben, diese Herausforderungen zu meistern. Was hat Ihnen am meisten geholfen, durch diese schwierigen Zeiten zu kommen?

- Identifizieren Sie die Stärken und Fähigkeiten, die Sie durch das Überwinden dieser Herausforderungen entwickelt haben. Haben Sie zum Beispiel mehr Geduld, Entschlossenheit oder Kreativität an den Tag gelegt?

- Stellen Sie sich vor, wie Sie diese Stärken in zukünftigen Herausforderungen anwenden. Visualisieren Sie sich selbst, wie Sie mit Zuversicht und Kompetenz schwierige Situationen meistern.

- Schreiben Sie Ihre Gedanken und Erkenntnisse auf. Dies hilft, Ihre Fortschritte und Entwicklung festzuhalten und bei zukünftigen Herausforderungen darauf zurückzugreifen.

• Entwickeln Sie einen Plan, wie Sie Ihre inneren Stärken in zukünftigen Herausforderungen nutzen können. Legen Sie konkrete Schritte fest, um Ihre Resilienz weiter zu stärken.

Tag 54

Stichwort des Tages: Verborgene Chancen

Dieser Tag dreht sich um die Auffassung, dass in jedem Hindernis das Potenzial für eine größere Chance verborgen liegt. Diese Perspektive ermutigt Sie, Hindernisse nicht als Endpunkte, sondern als Ausgangspunkte für neue Möglichkeiten zu sehen. Es ist eine Einladung, tiefer zu schauen und in jeder Herausforderung das Potenzial für Wachstum und positive Veränderung zu erkennen. Hindernisse sind oft der Katalysator für Innovation und Fortschritt und die Fähigkeit, diese verborgenen Chancen zu erkennen und zu nutzen, ist entscheidend für die erfolgreiche Manifestation.

Tageszeit	Aktivität	Beschreibung
Morgen	Dankbarkeitspraxis	
	Affirmationspraxis	
Mittag	Manifestationsübung	Manifestationsübung 1
	Fokusmeditation	Fokusmeditation 1
Abend	Tagesreflexion	Reflexionsfragen: „Welche verborgenen Chancen habe ich heute in Herausforderungen gefunden?“ „Wie haben diese Hindernisse meine Sichtweise und Herangehensweise verbessert?“
	Affirmationspraxis	

Tipp des Tages: Betrachten Sie in jedem Hindernis den Keim einer vielversprechenden Chance. Entwickeln Sie Ideen, wie Sie Herausforderungen als Katalysatoren für Wachstum und Innovation nutzen können. Erkennen Sie, dass Schwierigkeiten oft die Tore zu neuen Horizonten und Perspektiven öffnen. Denken Sie an Momente zurück, in denen Sie aus Hindernissen wertvolle Lehren gezogen haben. Diese Erfahrungen sollten Ihnen als Quelle der Inspiration dienen und Ihre Fähigkeit zur positiven Verwandlung von Herausforderungen stärken.

Tag 55

Stichwort des Tages: Wichtige Lektionen

Der heutige Tag beleuchtet die Idee, dass in jedem Hindernis eine wichtige Lektion verborgen ist, die zum persönlichen Wachstum beiträgt. Erkennen Sie die verborgenen Lektionen in jeder Schwierigkeit und lernen Sie daraus. Jedes Hindernis bietet wertvolle Einsichten, die Ihnen helfen, sich weiterzuentwickeln und Ihre Manifestationsfähigkeiten zu verbessern.

Tageszeit	Aktivität	Beschreibung
Morgen	Dankbarkeitspraxis	
	Affirmationspraxis	
Mittag	Manifestations-übung	Manifestationsübung 1
	Fokusmeditation	Fokusmeditation 1
Abend	Tagesreflexion	Reflexionsfragen: „Welche Lektionen habe ich heute aus Herausforderungen gelernt?“ „Wie haben diese Lektionen zu meinem persönlichen Wachstum beigetragen?“
	Affirmationspraxis	

Tipp des Tages: Nutzen Sie jedes Hindernis als Chance, um wertvolle Lektionen zu gewinnen. Bedenken Sie, welche Einsichten Sie aus aktuellen Herausforderungen ziehen können. Erkennen Sie an, dass Schwierigkeiten oft verborgene Weisheiten enthalten, die Ihr persönliches Wachstum fördern können. Denken Sie zurück an vergangene Situationen, in denen Herausforderungen zu bedeutsamen Erkenntnissen geführt haben. Diese Erfahrungen sollten Ihnen als Inspirationsquelle dienen, um Hindernisse als wichtige Lehrmeister auf Ihrem Weg zur Manifestation zu betrachten.

Tag 56

Stichwort des Tages: Schmieden Sie Ihren Charakter

Heute liegt der Schwerpunkt darauf, wie das Überwinden von Hindernissen den Charakter formt und stärkt. Stellen Sie sich Herausforderungen mit offenen Armen entgegen und begreifen Sie diese als Gelegenheiten zur Charakterbildung. Durch das Meistern von Schwierigkeiten entwickeln Sie wesentliche Eigenschaften wie Resilienz, Entschlossenheit und Anpassungsfähigkeit. Die Idee ist, dass die Erfahrungen, die beim Überwinden von Hindernissen gemacht werden, unverzichtbar für die Entwicklung eines starken und widerstandsfähigen Charakters sind, was wiederum entscheidend für erfolgreiche Manifestationen ist.

Tageszeit	Aktivität	Beschreibung
Morgen	Dankbarkeitspraxis	
	Affirmationspraxis	
Mittag	Manifestations-übung	Manifestationsübung 1
	Fokusmeditation	Fokusmeditation 1
Abend	Tagesreflexion	Reflexionsfragen: „Wie haben die Herausforderungen des Tages meinen Charakter gestärkt?“

„Welche Eigenschaften habe ich heute durch das Überwinden von Schwierigkeiten entwickelt?"

Affirmationspraxis

Tipp des Tages: Schätzen Sie den Wert des Überwindens von Hindernissen für die Charakterbildung. Jede Schwierigkeit hilft Ihnen dabei, wichtige Charaktereigenschaften zu entwickeln. Denken Sie zurück an vergangene Herausforderungen und daran, wie diese Ihren Charakter geformt haben. Erinnern Sie sich daran, dass jede Herausforderung eine Gelegenheit ist, Ihren Charakter zu stärken und Ihre Fähigkeit zur Manifestation zu verbessern. Verwenden Sie diese Erkenntnisse, um sich zu motivieren und die Herausforderungen auf Ihrem Weg als bedeutende Elemente Ihrer persönlichen Entwicklung zu betrachten.

WOCHE 9 – GESUNDHEIT UND WOHLBEFINDEN

Tag 57

Stichwort des Tages: Der größte Reichtum

Der Fokus heute liegt auf der Wichtigkeit von Gesundheit und Wohlbefinden als zentrales Ziel der Manifestation. Betrachten Sie Ihre physische und emotionale Gesundheit als den wertvollsten Aspekt Ihres Lebens. Das Streben nach Gesundheit und Zufriedenheit ist ein grundlegender Bestandteil eines erfüllten Lebens. Die Pflege Ihrer Gesundheit und Ihres Wohlbefindens wird Sie in die Lage versetzen, Ihre anderen Ziele effektiver zu verfolgen und ein reicheres Leben zu führen.

Tageszeit	Aktivität	Beschreibung
Morgen	Dankbarkeitspraxis	
	Affirmationspraxis	
Mittag	Manifestations-übung	Manifestationsübung 2
	Fokusmeditation	Fokusmeditation 2
Abend	Tagesreflexion	Reflexionsfragen: „Wie habe ich heute zu meiner Gesundheit und meinem Wohlbefinden beigetragen?“ „Welche Schritte kann ich unternehmen, um diese Aspekte weiter zu fördern?“
	Affirmationspraxis	

Tipp des Tages: Betrachten Sie Gesundheit und Wohlbefinden als grundlegende Ziele Ihrer Manifestationspraxis. Überlegen Sie, welche Maßnahmen Sie ergreifen können, um Ihre körperliche und emotionale Gesundheit zu fördern. Denken Sie darüber nach, wie ein gesunder Lebensstil Ihre Fähigkeit zur Manifestation unterstützt. Nutzen Sie diese Erkenntnisse, um gesunde Gewohnheiten zu etablieren, die Sie auf Ihrem Weg zur Manifestation stärken.

Hier eine Liste mit ein paar einfach umzusetzenden Maßnahmen:

- Integrieren Sie körperliche Aktivitäten in Ihren Alltag. Dies kann von sanften Yoga-Sitzungen bis zu energiereichen Ausdauer-Übungen reichen.
- Sorgen Sie für genügend qualitativen Schlaf, um Ihrem Körper und Geist die Möglichkeit zur Regeneration zu geben.
- Trinken Sie ausreichend Wasser, um Ihren Körper zu hydratisieren und seine Funktionen zu unterstützen. 2 bis 3 Liter pro Tag sind empfehlenswert.

- Nehmen Sie sich im Laufe des Tages bewusst Zeit für Pausen, um Ihren Geist zu entspannen und zu erfrischen.
- Verbringen Sie Zeit in der Natur, um sich zu erden und von ihrer heilenden Energie zu profitieren.
- Praktizieren Sie positive Selbstgespräche und Affirmationen, um Ihr emotionales Gleichgewicht wiederzuerlangen.
- Pflegen Sie gesunde und unterstützende Beziehungen, die zu Ihrer emotionalen Stabilität beitragen.
- Widmen Sie sich Hobbys und Interessen, die Ihnen Freude bereiten und Ihre Lebensqualität steigern.

Tag 58

Stichwort des Tages: In einem gesunden Körper steckt ein gesunder Geist

Heute steht das Streben nach einem gesunden Geist und Körper im Mittelpunkt, als wesentliche Komponenten des Glücks und der persönlichen Erfüllung. Dieser Gedanke unterstreicht die Bedeutung der Harmonie zwischen körperlichem und mentalem Wohlbefinden. Es ist eine Erinnerung daran, dass die Pflege sowohl des Körpers als auch des Geistes für ein ausgeglichenes und zufriedenes Leben unerlässlich ist. Die Botschaft lautet, dass das Gleichgewicht zwischen körperlicher Fitness und mentaler Stärke eine entscheidende Rolle spielt, um sich vollständig auf die Manifestation von Zielen konzentrieren zu können. Ein gesunder Lebensstil und mentale Klarheit sollen nicht nur zum persönlichen Glück beitragen, sondern auch die Grundlage für erfolgreiche Manifestationen bilden.

Tageszeit	Aktivität	Beschreibung
Morgen	Dankbarkeitspraxis	
	Affirmationspraxis	
Mittag	Manifestations-übung	Manifestationsübung 2

	Fokusmeditation	Fokusmeditation 2
Abend	Tagesreflexion	Reflexionsfragen: „Wie habe ich heute zu meiner körperlichen und mentalen Gesundheit beigetragen?" „Welche Schritte kann ich unternehmen, um dieses Gleichgewicht weiter zu stärken?"
	Affirmationspraxis	

Tipp des Tages: Erkennen Sie die Bedeutung eines ausgeglichenen Lebensstils für Ihr Gesamtwohlbefinden. Überlegen Sie, wie Sie sowohl Ihren Körper als auch Ihren Geist pflegen können, um Ihr Manifestationspotenzial zu maximieren. Denken Sie darüber nach, wie die Harmonie von Körper und Geist Sie auf Ihrem Weg unterstützt. Nutzen Sie diese Einsichten, um einen Lebensstil zu entwickeln, der sowohl Ihre körperliche als auch Ihre mentale Gesundheit fördert.

Hier ein paar Vorschläge zur Harmonisierung von Körper und Geist:

- Beginnen Sie den Tag mit Meditation oder Achtsamkeitsübungen, um einen klaren Geist zu fördern und innere Ruhe zu finden.
- Integrieren Sie Aktivitäten wie Yoga, Spaziergänge oder leichtes Joggen, die sowohl den Körper stärken als auch den Geist entspannen.
- Achten Sie auf eine ausgewogene Ernährung, die reich an Nährstoffen ist und sowohl Ihrem Körper als auch Ihrem Geist die nötige Energie liefert.
- Sorgen Sie für einen regelmäßigen Schlafrhythmus, um Ihren Körper und Geist ausreichend zu erholen.
- Nutzen Sie ein Tagebuch, um Gedanken und Gefühle festzuhalten, was zur mentalen Klarheit beiträgt.

- Engagieren Sie sich in kreativen Hobbys wie Malen, Schreiben oder Musik, um den Geist zu stimulieren und zu entspannen.
- Pflegen Sie positive und unterstützende soziale Kontakte, die sowohl emotionalen als auch mentalen Ausgleich bieten.
- Üben Sie bewusstes Atmen, um Stress abzubauen und eine harmonische Verbindung zwischen Körper und Geist herzustellen.

Tag 59

Stichwort des Tages: Ein stabiles Fundament

Der heutige Tag legt den Schwerpunkt auf die Erkenntnis, dass wahres Wohlbefinden die Grundlage für jeglichen Erfolg und alle Errungenschaften in Ihrem Leben bildet. Sie werden ermutigt, in die Pflege Ihres Wohlbefindens zu investieren, da es die Basis für das Erreichen Ihrer Ziele darstellt. Bedenken Sie, dass es ohne ein stabiles Fundament des Wohlbefindens, sowohl körperlich als auch mental, eine Herausforderung sein kann, andere Lebensbereiche erfolgreich zu gestalten. Die zentrale Botschaft ist, dass Wohlbefinden nicht nur ein eigenständiges Ziel ist, sondern auch als entscheidende Voraussetzung für die erfolgreiche Verwirklichung Ihrer weiteren Bestrebungen fungiert.

Tageszeit	Aktivität	Beschreibung
Morgen	Dankbarkeitspraxis	
	Affirmationspraxis	
Mittag	Manifestationsübung	Manifestationsübung 2
	Fokusmeditation	Fokusmeditation 2
Abend	Tagesreflexion	Reflexionsfragen: „Wie hat mein Wohlbefinden heute zu meinem Erfolg beigetragen?"

		„Was kann ich tun, um mein Wohlbefinden weiter zu stärken?“
	Affirmationspraxis	

Tipp des Tages: Betrachten Sie Ihr Wohlbefinden als das Fundament Ihrer Lebensziele. Überlegen Sie, wie Sie durch die Förderung Ihres Wohlbefindens Ihre Chancen auf Erfolg in anderen Lebensbereichen erhöhen können. Erkennen Sie an, dass die Pflege Ihres Wohlbefindens entscheidend ist, um die besten Voraussetzungen für Ihre Manifestationsbemühungen zu schaffen. Nutzen Sie diese Einsicht, um bewusst in Ihre Gesundheit und Ihr Wohlbefinden zu investieren, um so eine solide Basis für Ihren Erfolg zu legen.

Tag 60

Stichwort des Tages: Angemessene Wertschätzung

Heute liegt der Schwerpunkt darauf, den eigenen Körper als einen Tempel zu sehen, der Wertschätzung und Pflege verdient. Behandeln Sie sich selbst mit Respekt und Fürsorge, denn Ihr körperliches Wohlbefinden ist unmittelbar mit Ihrer Lebensqualität verbunden. Begrüßen Sie gesundheitsfördernde Praktiken und betrachten Sie Ihren Körper als ein wertvolles Gut, das es zu schützen und zu nähren gilt. Die Botschaft ist, dass die liebevolle und achtsame Pflege Ihres Körpers ein wesentlicher Schritt ist, um ein erfülltes und erfolgreiches Leben zu manifestieren.

Tageszeit	Aktivität	Beschreibung
Morgen	Dankbarkeitspraxis	
	Affirmationspraxis	
Mittag	Manifestationsübung	Manifestationsübung 2
	Fokusmeditation	Fokusmeditation 2
Abend	Tagesreflexion	Reflexionsfragen:

„Wie habe ich heute meinen Körper geehrt und gepflegt?"
„Welche Maßnahmen kann ich ergreifen, um diese Praxis weiter zu fördern?"

Affirmationspraxis

Tipp des Tages: Sehen Sie Ihren Körper als einen heiligen Ort, der Achtsamkeit und Fürsorge verdient. Überlegen Sie, wie Sie durch gesunde Gewohnheiten und Selbstpflege Ihren Körper ehren können. Erkennen Sie an, dass ein gesunder Körper eine wesentliche Voraussetzung für die Erreichung Ihrer Ziele ist. Nutzen Sie diese Erkenntnis, um sich auf die Pflege Ihres körperlichen Wohlbefindens zu konzentrieren und so eine starke Grundlage für Ihr gesamtes Leben zu schaffen.

Tag 61

Stichwort des Tages: Die Bedeutung geistiger Ruhe

Dieser Tag steht ganz im Zeichen der Wichtigkeit, geistige Ruhe zu pflegen, um inneren Frieden und körperliche Gesundheit zu fördern. Gönnen Sie sich Momente der Stille und lassen Sie Ihren Geist zur Ruhe kommen. Tauchen Sie in die innere Stille ein, um die hektische Welt zeitweise hinter sich zu lassen. Ein ruhiger Geist trägt nicht nur zur mentalen Klarheit bei, sondern hat auch eine positive Wirkung auf den Körper.

Tageszeit	Aktivität	Beschreibung
Morgen	Dankbarkeitspraxis	
	Affirmationspraxis	
Mittag	Manifestationsübung	Manifestationsübung 2
	Fokusmeditation	Fokusmeditation 2
Abend	Tagesreflexion	Reflexionsfragen: „Wie habe ich heute zu meiner geistigen Ruhe und körperlichen Gesundheit beigetragen?“ „Was kann ich tun, um dieses Gleichgewicht weiter zu fördern?“
	Affirmationspraxis	

Tipp des Tages: Erkennen Sie die Bedeutung der geistigen Ruhe für Ihr körperliches und seelisches Wohlbefinden. Überlegen Sie, wie Sie bewusst Momente der Stille in Ihren Alltag integrieren können, um inneren Frieden und körperliche Gesundheit zu fördern. Denken Sie darüber nach, wie Sie durch Meditation oder einfach durch bewusste Pausen vom Alltagsstress zu mehr Ausgeglichenheit gelangen können.

Nutzen Sie diese Erkenntnisse, um einen bewussten Umgang mit geistiger Ruhe zu kultivieren, der Ihr Wohlbefinden auf allen Ebenen stärkt.

Anleitung für eine Meditation:

• Finden Sie einen ruhigen, bequemen Ort, an dem Sie ungestört sind. Setzen Sie sich in eine bequeme Position, entweder auf einen Stuhl oder auf den Boden, wobei Sie sicherstellen, dass Ihre Wirbelsäule gerade ist.

• Schließen Sie Ihre Augen und nehmen Sie einige tiefe, beruhigende Atemzüge. Konzentrieren Sie sich auf das Gefühl der Luft, die ein- und ausströmt. Lassen Sie mit jedem Atemzug mehr Spannung aus Ihrem Körper entweichen.

• Richten Sie Ihre Aufmerksamkeit auf die Stille um Sie herum. Wenn Gedanken auftreten, erkennen Sie diese einfach an und lenken Sie Ihre Aufmerksamkeit sanft zurück zur Stille.

• Mit jedem Atemzug strömen mehr Ruhe und Frieden in Ihren Geist. Jede Zelle Ihres Körpers wird mehr und mehr von dieser Ruhe durchdrungen.

• Lenken Sie Ihre Aufmerksamkeit langsam durch Ihren Körper, von den Zehen bis zum Scheitel. Spüren Sie, wie jeder Teil Ihres Körpers mehr und mehr entspannt wird.

• Verbleiben Sie einige Minuten in dieser stillen, entspannten Verfassung. Spüren Sie, wie Ihr Geist ruhig wird und Anspannung und Stress Ihren Körper verlassen.

• Beenden Sie die Meditation, indem Sie langsam Ihre Aufmerksamkeit zurück in den Raum bringen. Öffnen Sie Ihre Augen, wenn Sie sich bereit fühlen, und nehmen Sie sich einen Moment, um die Ruhe zu würdigen, die Sie kultiviert haben.

Tag 62

Stichwort des Tages: Selbstachtung für mehr Gesundheit

An diesem Tag steht das Thema Selbstachtung im Mittelpunkt, als fundamentaler Schritt auf dem Weg zu wahrer Gesundheit und Wohlbefinden. Der heutige Gedanke ruft dazu auf, die eigene Selbstachtung als Schlüsselkomponente für das Erreichen von Gesundheit und Zufriedenheit zu erkennen. Die Botschaft ist, dass die Wertschätzung für sich selbst die Grundlage bildet, um bewusste Entscheidungen für die eigene Gesundheit zu treffen. Selbstachtung stärkt nicht nur die mentale, sondern auch die körperliche Gesundheit.

Tageszeit	Aktivität	Beschreibung
Morgen	Dankbarkeitspraxis	
	Affirmationspraxis	
Mittag	Manifestations-übung	Manifestationsübung 2
	Fokusmeditation	Fokusmeditation 2
Abend	Tagesreflexion	Reflexionsfragen: „Wie habe ich heute meine Selbstachtung gefördert?" „Wie hat sich meine Selbstachtung auf meine Gesundheit ausgewirkt?"
	Affirmationspraxis	

Tipp des Tages: Betrachten Sie die Selbstachtung als wesentlichen Bestandteil Ihres Wohlbefindens. Überlegen Sie, wie Sie durch die Förderung Ihrer Selbstachtung Ihre körperliche und seelische Gesundheit stärken können. Denken Sie darüber nach, wie Sie durch die Anerkennung und Wertschätzung Ihrer selbst Ihre Entscheidungen für ein gesundes Leben beeinflussen. Nutzen Sie diese Einsichten, um einen liebevollen und respektvollen Umgang mit sich selbst zu kultivieren, der die Basis für Ihr gesamtes Wohlbefinden bildet.

Übung zur Förderung von Selbstachtung:

- Beginnen Sie jeden Tag mit einem positiven Selbstgespräch. Stehen Sie vor dem Spiegel und sagen Sie sich laut oder in Gedanken positive Affirmationen zu. Zum Beispiel:
  - „Ich achte und schätze mich selbst."
  - „Ich verdiene es, gut behandelt zu werden."
  - „Mein Wohlbefinden ist mir wichtig."
- Denken Sie über Dinge nach, für die Sie sich selbst dankbar sind. Dies können Ihr Körper, Ihre Fähigkeiten, Ihre Erfahrungen oder einfach Aspekte Ihrer Persönlichkeit sein.
- Etablieren Sie tägliche Selbstfürsorge-Rituale, die Ihre Selbstachtung stärken. Dies können eine gesunde Ernährung, regelmäßige Bewegung, ausreichend Schlaf oder Entspannungsmethoden wie Meditation oder ein warmes Bad sein.
- Üben Sie, klare Grenzen zu setzen und „Nein" zu sagen, wenn etwas nicht zu Ihrem Wohlbefinden oder Ihren Werten passt. Dies zeigt Respekt gegenüber sich selbst und Ihren Bedürfnissen.
- Achten Sie darauf, Ihre eigenen Bedürfnisse zu erkennen und zu erfüllen. Ob es um Ruhe, soziale Interaktion, Kreativität oder Lernen geht, Ihre Bedürfnisse sind wichtig und verdienen Beachtung.
- Seien Sie nachsichtig und verständnisvoll mit sich selbst, besonders in herausfordernden Zeiten. Üben Sie Selbstmitgefühl und erinnern Sie sich daran, dass Fehler und Schwächen Teil des menschlichen Seins sind.

Tag 63

Stichwort des Tages: Eine ganzheitliche Betrachtungsweise

Heute liegt der Fokus auf der ganzheitlichen Betrachtung von Gesundheit, die über die bloße Abwesenheit von Krankheit hinausgeht. Es geht darum, sich aktiv um alle Facetten Ihrer Gesundheit zu kümmern und sich nicht nur auf die Vermeidung von Krankheiten zu beschränken. Die Botschaft ist, dass Gesundheit eine harmonische Balance zwischen verschiedenen Aspekten des Lebens darstellt und das Streben nach einem solchen Gleichgewicht wesentlich für das Erreichen von Lebensqualität ist.

Tageszeit	Aktivität	Beschreibung
Morgen	Dankbarkeitspraxis	
	Affirmationspraxis	
Mittag	Manifestations-übung	Manifestationsübung 2
	Fokusmeditation	Fokusmeditation 2
Abend	Tagesreflexion	Reflexionsfragen: „Wie habe ich heute zu meinem ganzheitlichen Wohlbefinden beigetragen?“ „Welche Schritte kann ich unternehmen, um dieses weiter zu stärken?“
	Affirmationspraxis	

Tipp des Tages: Betrachten Sie Gesundheit als ein umfassendes Konzept, das körperliches, mentales und emotionales Wohlbefinden einschließt. Überlegen Sie, wie Sie jeden dieser Bereiche in Ihrem Leben pflegen können. Denken Sie darüber nach, wie Sie durch bewusste Entscheidungen und Lebensstiländerungen ein ganzheitliches Wohlbefinden erreichen können, und nutzen Sie diese Einsicht, um gezielte Schritte zu unternehmen, die alle Facetten Ihrer Gesundheit fördern und so zu einem erfüllten Leben beitragen.

WOCHE 10 – FINANZIELLE FÜLLE MANIFESTIEREN

Tag 64

Stichwort des Tages: Mentale Ursachen

An diesem Tag steht die Idee im Vordergrund, dass finanzieller Wohlstand und Sicherheit ihren Ursprung in der mentalen Einstellung und nicht allein in den äußeren Umständen haben. Diese Perspektive fordert Sie auf, Ihre Gedanken und Überzeugungen bezüglich Geld und Wohlstand zu überdenken. Entwickeln Sie eine positive und ermächtigende Einstellung zu Geld, die auf Überfluss und Möglichkeiten statt auf Mangel und Einschränkungen basiert. Die Art und Weise, wie Sie über Geld denken und damit umgehen, hat einen entscheidenden Einfluss auf Ihre finanzielle Realität. Dieser Gedanke soll Sie dazu anregen, eine Haltung des Vertrauens und der Zuversicht in Bezug auf finanzielle Angelegenheiten zu kultivieren.

Tageszeit	Aktivität	Beschreibung
Morgen	Dankbarkeitspraxis	
	Affirmationspraxis	
Mittag	Manifestationsübung	Manifestationsübung 2
	Fokusmeditation	Fokusmeditation 2
Abend	Tagesreflexion	Reflexionsfragen: „Wie haben meine Einstellungen und Handlungen heute meine finanzielle Situation beeinflusst?" „Welche Schritte kann ich unternehmen, um meinen finanziellen Wohlstand zu steigern?"
	Affirmationspraxis	

Tipp des Tages: Prüfen Sie, ob Ihre gegenwärtigen Überzeugungen eine helfende oder hemmende Rolle spielen. Begreifen Sie die enormen Kräfte, die positive Gedanken und Überzeugungen im Bereich Ihrer Finanzen entfalten können. Verwandeln Sie diese Erkenntnisse in eine dynamische Einstellung, die von Fülle und Vertrauen geprägt ist.

Diese Haltung wird Ihnen dabei helfen, finanzielle Sicherheit und Wohlstand in Ihrem Leben lebendig werden zu lassen.

Tag 65

Stichwort des Tages: Die Einstellung zählt

Dieser Tag fokussiert sich auf die Betrachtung von Wohlstand als einen fortwährenden Prozess und nicht nur als ein endgültiges Ziel. Der Gedanke dahinter ist, dass die Einstellung gegenüber Geld und finanziellen Angelegenheiten genauso wichtig ist wie die materiellen Ergebnisse selbst. Es ist eine Einladung, den Weg zum finanziellen Wohlstand als eine Reise zu betrachten, auf der jeder Schritt und jede Lektion wertvoll sind. Die Idee ist, dass wahre finanzielle Fülle mehr umfasst als nur den materiellen Besitz; es geht auch um die Entwicklung eines Gefühls der Zufriedenheit, der Dankbarkeit und des Vertrauens in Bezug auf Ihre finanziellen Angelegenheiten.

Tageszeit	Aktivität	Beschreibung
Morgen	Dankbarkeitspraxis	
	Affirmationspraxis	
Mittag	Manifestationsübung	Manifestationsübung 2
	Fokusmeditation	Fokusmeditation 2
Abend	Tagesreflexion	Reflexionsfragen: „Wie habe ich heute meinen finanziellen Wohlstand gefördert?“ „Welche Lektionen habe ich auf meinem finanziellen Weg gelernt?“
	Affirmationspraxis	

Tipp des Tages: Ergründen Sie die tieferen Bedeutungen Ihrer finanziellen Bestrebungen. Fragen Sie sich, was Wohlstand für Sie persönlich bedeutet und welche Rolle er in Ihrem Leben spielt. Statt sich ausschließlich auf das materielle Ergebnis zu konzentrieren, erkennen Sie den Wert der Erfahrungen und Erkenntnisse, die Sie auf dem Weg zum finanziellen Erfolg sammeln. Nutzen Sie diese Einblicke, um eine ganzheitliche Sichtweise auf Wohlstand zu entwickeln, die sowohl materielle als auch persönliche und emotionale Aspekte einschließt. Lassen Sie diese ganzheitliche Perspektive Ihr Verständnis von finanzieller Sicherheit und Wohlstand prägen und gelangen Sie zu einer erfüllteren und ausgeglicheneren Lebensweise.

Tag 66

Stichwort des Tages: Die geistige Haltung

Heute liegt der Schwerpunkt auf der Erkenntnis, dass wahrer Wohlstand über materielle Werte hinausgeht und eng mit der geistigen Haltung verbunden ist. Betrachten Sie Wohlstand als einen Zustand, der Fülle, Zufriedenheit und die Offenheit für neue Möglichkeiten umfasst. Die Botschaft ist, dass Wohlstand nicht nur in Zahlen und materiellem Besitz gemessen wird, sondern auch in der Qualität des Denkens und der Fähigkeit, Chancen zu erkennen und zu nutzen. Kultivieren Sie eine Einstellung, die Reichtum in seinen vielen Formen wertschätzt und anerkennt.

Tageszeit	Aktivität	Beschreibung
Morgen	Dankbarkeitspraxis	
	Affirmationspraxis	
Mittag	Manifestationsübung	Manifestationsübung 2
	Fokusmeditation	Fokusmeditation 2
Abend	Tagesreflexion	Reflexionsfragen: „Wie habe ich heute Wohlstand in verschiedenen Aspekten meines Lebens erlebt?“

„Welche Chancen habe ich wahrgenommen, um meinen Wohlstand zu steigern?"

Affirmationspraxis

Tipp des Tages: Erweitern Sie Ihre Perspektive auf Wohlstand, indem Sie über materielle Werte hinausdenken. Betrachten Sie Wohlstand als einen umfassenden Zustand, der sowohl materielle als auch geistige und emotionale Reichtümer einschließt. Erkennen Sie die Vielfalt der Formen, in denen Wohlstand in Ihrem Leben auftreten kann, wie beispielsweise:

- **Beziehungsreichtum**

  ○ Die liebevollen und unterstützenden Beziehungen zu Ihrer Familie und Ihren Freunden sind ein unschätzbarer Reichtum, der Ihnen emotionale Sicherheit und Zufriedenheit bietet.

- **Gesundheit als Wohlstand**

  ○ Ihre gute Gesundheit, die ein aktives und erfülltes Leben ermöglicht, ist ein weiterer Aspekt des Wohlstands.

- **Berufliche Erfüllung**

  ○ Die Befriedigung, die Sie aus Ihrer Arbeit ziehen, bringt nicht nur finanzielle, sondern auch emotionale und intellektuelle Belohnung.

- **Wissen und Erfahrungen**

  ○ Die vielfältigen Erfahrungen und das Wissen, das Sie erworben haben, sind ebenfalls eine Form des Reichtums.

- **Innere Ruhe und Glück**

  ○ Ein Gefühl des inneren Friedens und des Glücks ist nicht mit Geld zu messen.

Nutzen Sie diese Einsichten, um ein tieferes und ganzheitliches Verständnis von Wohlstand zu entwickeln, das über die bloße Anhäufung materieller Güter hinausgeht. Erinnern Sie sich, dass Wohlstand in vielen Formen in Ihrem Leben auftreten kann und jeder dieser Aspekte zu einem reichen und erfüllten Leben beiträgt.

Tag 67

Stichwort des Tages: Es zählt auch das, was Sie im Herzen tragen

Das heutige Stichwort ist eine Erinnerung daran, dass wahrer Wohlstand auch die innere Zufriedenheit, Liebe und Erfüllung einschließt, die nicht mit Geld zu kaufen sind. Die Betonung liegt darauf, dass materieller Reichtum Hand in Hand mit einem reichen Herzen gehen sollte, um ein ganzheitlich erfülltes Leben zu schaffen.

Tageszeit	Aktivität	Beschreibung
Morgen	Dankbarkeitspraxis	
	Affirmationspraxis	
Mittag	Manifestationsübung	Manifestationsübung 2
	Fokusmeditation	Fokusmeditation 2
Abend	Tagesreflexion	Reflexionsfragen: „Wie habe ich heute Wohlstand in meinem Herzen und in meinem Leben erfahren?" „Welche Aspekte meines Lebens bereichern mich über materielle Werte hinaus?"
	Affirmationspraxis	

Tipp des Tages: Denken Sie über die vielfältigen Aspekte des Wohlstands in Ihrem Leben nach. Erkennen Sie an, dass materieller Reichtum nur ein Teil des großen Bildes ist und dass emotionale und spirituelle Fülle ebenfalls wesentliche Bestandteile sind. Überlegen Sie, wie Sie eine Balance zwischen materiellen Zielen und dem Reichtum des Herzens herstellen können. Integrieren Sie beispielsweise regelmäßig Momente der Stille und Selbstbetrachtung in Ihren Alltag, um Ihre inneren Werte und Bedürfnisse zu erschließen. Fragen Sie sich, was Ihnen wirklich wichtig ist und wie Sie diese Werte in Ihrem täglichen Handeln umsetzen können. Identifizieren Sie materielle Ziele, die mit diesen Werten übereinstimmen, und erarbeiten Sie Wege, sie zu erreichen, ohne Ihre emotionale und spirituelle Erfüllung zu vernachlässigen. Dies könnte bedeuten, bewusste Entscheidungen zu treffen, die sowohl Ihre finanziellen Ziele als auch Ihre persönliche Zufriedenheit und Ihr Wohlbefinden berücksichtigen. Nutzen Sie diese Erkenntnisse, um ein tieferes Verständnis für die verschiedenen Facetten des Wohlstands zu entwickeln und ein Leben zu führen, das sowohl materiell als auch emotional und spirituell bereichernd ist.

Tag 68

Stichwort des Tages: Mentale Bilder

Dieser Tag beleuchtet die Wichtigkeit der mentalen Visualisierung als ersten Schritt zur Manifestation von finanzieller Sicherheit und Wohlstand. Der Kerngedanke ist, dass der Prozess des Wohlstandsaufbaus zuerst in der eigenen Vorstellung beginnt. Sie sind eingeladen, die Kraft Ihrer Visionen zu nutzen und sich ein klares Bild Ihres gewünschten finanziellen Zustandes zu malen. Dieser Ansatz betont, dass der Schlüssel zum finanziellen Erfolg in der Fähigkeit liegt, eine klare und konkrete Vision des angestrebten Wohlstands in Ihrem Geist zu formen. Es ist eine Ermutigung, Ihre Gedanken zu leiten und Ihre innere Vorstellungskraft als mächtiges Werkzeug zu nutzen.

Tageszeit	Aktivität	Beschreibung
Morgen	Dankbarkeitspraxis	
	Affirmationspraxis	
Mittag	Manifestationsübung	Manifestationsübung 2
	Fokusmeditation	Fokusmeditation 2
Abend	Tagesreflexion	Reflexionsfragen: „Wie habe ich heute meine Vision von Wohlstand genährt?“

	Affirmationspraxis	„Welche Schritte kann ich unternehmen, um meiner finanziellen Vision näherzukommen?“

Tipp des Tages: Nutzen Sie die Kraft der Visualisierung, um Ihre finanziellen Ziele in die Realität umzusetzen. Jeden Tag stellen Sie sich lebhaft vor, wie Ihr Leben mit finanzieller Sicherheit und Wohlstand aussieht, und lassen die Emotionen aufkommen, die diese Visionen in Ihnen wecken. Überlegen Sie, wie diese mentalen Bilder Sie dazu motivieren und inspirieren, konkrete Schritte auf Ihrem Weg zu Ihren Zielen zu unternehmen. Betrachten Sie Ihre finanziellen Visionen als lebendige, dynamische Szenarien, die Sie aktiv gestalten und durch Ihre täglichen Handlungen mit Leben erfüllen.

Tag 69

Stichwort des Tages: Die innerliche Überzeugung

Heute konzentriert sich der Fokus darauf, dass finanzieller Wohlstand zuerst als Konzept und Überzeugung im Geist entsteht, bevor er sich in der physischen Realität manifestieren kann. Nutzen Sie die Kraft Ihres Geistes, um einen Zustand des finanziellen Wohlstands zu erschaffen und zu festigen. Ihre Einstellung und die Überzeugungen, die Sie im Geist pflegen, spielen eine entscheidende Rolle bei der Manifestation Ihres finanziellen Erfolges. Machen Sie sich bewusst, dass die Samen für materiellen Wohlstand in den Gedanken und Vorstellungen gesät werden, die Sie in Ihrem Bewusstsein kultivieren.

Tageszeit	Aktivität	Beschreibung
Morgen	Dankbarkeitspraxis	
	Affirmationspraxis	
Mittag	Manifestations-übung	Manifestationsübung 2
	Fokusmeditation	Fokusmeditation 2

Abend	Tagesreflexion	Reflexionsfragen: „Wie haben meine Gedanken und Vorstellungen heute meine finanziellen Bestrebungen beeinflusst?" „Auf welche Weise formt mein Geist meine finanzielle Zukunft?"
	Affirmationspraxis	

<u>Tipp des Tages:</u> Nutzen Sie die Macht Ihres Geistes, um Ihre finanziellen Ziele zu manifestieren. Machen Sie sich klar, dass Sie durch gezieltes Denken und starke Überzeugungen ein Fundament für finanziellen Wohlstand in Ihrem Leben schaffen können. Erkennen Sie an, dass die Vorstellungskraft und Überzeugungen in Ihrem Geist die ersten Schritte sind, um materiellen Wohlstand zu realisieren. Nutzen Sie die Macht des positiven Denkens, um Ihre finanziellen Visionen zu stärken und in die Realität umzusetzen. Um dies zu erreichen, versuchen Sie die folgende kurze Übung:

• Setzen Sie sich in Ruhe hin und schließen Sie die Augen.

• Atmen Sie einige Minuten lang tief ein und aus, um sich zu entspannen und Ihren Geist zu klären.

• Stellen Sie sich intensiv vor, wie Ihr finanzieller Erfolg aussieht. Visualisieren Sie ihn so detailliert wie möglich.

• Während Sie diesen Zustand des finanziellen Wohlstands visualisieren, sprechen Sie positive Affirmationen aus. Zum Beispiel:

o „Ich bin es wert, finanziell erfolgreich zu sein."

o „Ich ziehe Wohlstand an."

o „Ich bin fähig, meine finanziellen Ziele zu erreichen."

• Fühlen Sie, wie diese positiven Gedanken und Überzeugungen in Ihnen aufsteigen und Sie mit Zuversicht und Entschlossenheit erfüllen.

• Öffnen Sie nach einigen Minuten Ihre Augen und halten Sie dieses Gefühl der finanziellen Zuversicht fest.

Tag 70

Stichwort des Tages: Ihr Selbstwert und Ihre finanzielle Situation

Dieser Gedanke fordert Sie dazu auf, die tiefe Verbindung zwischen Ihrem Selbstwert und Ihrer finanziellen Situation zu erkennen. Ein starker Glaube an den eigenen Wert und die Fähigkeiten sind eine wesentliche Grundlage für die Manifestation finanziellen Erfolgs. Werden Sie sich Ihrer eigenen Stärken bewusst und machen Sie sich klar, dass Ihre innere Einstellung zu sich selbst direkt Ihren finanziellen Wohlstand beeinflussen kann. Dieser Ansatz ermutigt Sie, an sich selbst zu glauben und zu erkennen, dass Ihr Selbstwertgefühl ein entscheidender Faktor bei der Schaffung eines erfolgreichen finanziellen Lebens ist.

Tageszeit	Aktivität	Beschreibung
Morgen	Dankbarkeitspraxis	
	Affirmationspraxis	
Mittag	Manifestations-übung	Manifestationsübung 2
	Fokusmeditation	Fokusmeditation 2
Abend	Tagesreflexion	Reflexionsfragen: „Wie hat mein Selbstwertgefühl heute meine finanziellen Entscheidungen beeinflusst?" „Inwiefern unterstützt mein Glaube an mich selbst meine finanziellen Bestrebungen?"
	Affirmationspraxis	

Tipp des Tages: Betrachten Sie Ihr Selbstwertgefühl als Schlüsselelement für Ihren finanziellen Erfolg. Erkennen Sie, dass ein starkes

Selbstbewusstsein und Selbstvertrauen die Grundlage für finanzielle Erfolge bilden. Wie können Sie Ihr Selbstwertgefühl steigern, um Ihre finanziellen Ziele zu fördern? Nutzen Sie Ihre inneren Ressourcen, um Selbstzweifel zu überwinden und ein positives, ermächtigendes Umfeld für finanzielle Erfüllung zu schaffen.

WOCHE 11 – MANIFESTATION UND LEBENSBALANCE

Tag 71

Stichwort des Tages: Das richtige Gleichgewicht

Heute dreht sich alles um das Finden eines Gleichgewichts zwischen dem Streben nach persönlichen Zielen und der Erfüllung alltäglicher Verantwortungen. Dieser Gedanke soll Sie dazu motivieren, eine harmonische Balance zu finden, in der sowohl Ihre Träume als auch Ihre täglichen Pflichten ihren Platz haben. Wie können Sie Ihre langfristigen Ambitionen mit den Anforderungen des täglichen Lebens verbinden? Sowohl Ihre persönlichen Bestrebungen als auch Ihre alltäglichen Aufgaben sind wichtig, doch es ist durchaus möglich, beide erfolgreich zu managen.

Tageszeit	Aktivität	Beschreibung
Morgen	Dankbarkeitspraxis	
	Affirmationspraxis	
Mittag	Manifestations-übung	Manifestationsübung 3
	Fokusmeditation	Fokusmeditation 3
Abend	Tagesreflexion	Reflexionsfragen: „Wie habe ich heute meinen persönlichen Zielen und meinen täglichen Pflichten

		gleichermaßen Aufmerksamkeit geschenkt?" „Inwiefern habe ich heute ein Gleichgewicht zwischen beiden erreicht?"
	Affirmationspraxis	

Tipp des Tages: Entdecken Sie Möglichkeiten, wie Sie Ihre langfristigen Ambitionen mit Ihren täglichen Verpflichtungen lebendig verweben können. Denken Sie darüber nach, wie Sie Ihre Zeit und Ressourcen geschickt verteilen können, um gleichermaßen Ihren persönlichen Zielen und alltäglichen Pflichten gerecht zu werden. Betrachten Sie die Bedeutung eines ausgeglichenen Lebensstils und auch, wie dieser dazu beitragen kann, Ihre Ziele zu erreichen. Setzen Sie die Kraft der Planung und Priorisierung ein, um ein harmonisches Gleichgewicht in Ihrem Leben zu schaffen.

Tag 72

Stichwort des Tages: Balance als Erfolg sehen

Heute konzentriert sich der Fokus darauf, Erfolg nicht nur als Erreichen spezifischer Ziele, sondern auch als das Finden eines ausgewogenen Lebensstils zu verstehen. Diese Sichtweise ermutigt Sie, sowohl Ihre persönlichen Ambitionen als auch Ihre täglichen Verantwortungen wertzuschätzen. Es ist eine Aufforderung, die Kunst des Balancierens zwischen verschiedenen Lebensbereichen zu meistern, indem Sie sowohl Ihre Träume als auch Ihre täglichen Pflichten in harmonischen Einklang bringen. Das Ziel ist es, ein Gefühl der Zufriedenheit und des Erfolgs in allen Lebensbereichen zu schaffen.

Tageszeit	Aktivität	Beschreibung
Morgen	Dankbarkeitspraxis	
	Affirmationspraxis	
Mittag	Manifestationsübung	Manifestationsübung 3

	Fokusmeditation	Fokusmeditation 3
Abend	Tagesreflexion	Reflexionsfragen: „Wie habe ich heute ein Gleichgewicht zwischen meinen Zielen und meinen täglichen Verantwortungen erreicht?“ „Welche Schritte habe ich unternommen, um eine harmonische Balance in meinem Leben zu fördern?“
	Affirmationspraxis	

Tipp des Tages: Nutzen Sie den heutigen Tag, um Ihre verschiedenen Lebensbereiche zu durchdenken und zu bewerten, wie gut sie in Balance sind. Denken Sie darüber nach, welche Maßnahmen erforderlich sind, um ein harmonisches Gleichgewicht zwischen Ihren persönlichen Zielen und den alltäglichen Verpflichtungen herzustellen. Betrachten Sie, wie ein ausgewogenes Leben zu mehr Wohlbefinden und Erfolg beitragen kann. Nehmen Sie sich Zeit, um Ihre Prioritäten zu klären und Wege zu finden, wie Sie Ihre Energie und Zeit effizienter einsetzen können, um ein erfülltes und ausgeglichenes Leben zu führen.

Tag 73

Stichwort des Tages: Gegenwart und Zukunft im Blick

Die Einsicht, dass es essentiell ist, im Hier und Jetzt präsent zu sein und gleichzeitig langfristige Ziele nicht aus den Augen zu verlieren, steht im Mittelpunkt des heutigen Tages. Schätzen Sie jeden Moment und unternehmen Sie gleichzeitig Schritte, die Sie Ihren Träumen näherbringen. Die Fähigkeit, im Alltag bewusst und mit Achtsamkeit zu agieren, während Sie parallel auf zukünftige Erfolge hinarbeiten, ist ein Schlüsselelement. Das Finden dieser Balance kann zu einer erfüllteren Erfahrung in Ihrem täglichen Leben und bei der Verfolgung Ihrer Ziele führen.

Tageszeit	Aktivität	Beschreibung
Morgen	Dankbarkeitspraxis	
	Affirmationspraxis	
Mittag	Manifestationsübung	Manifestationsübung 3
	Fokusmeditation	Fokusmeditation 3
Abend	Tagesreflexion	Reflexionsfragen: „Wie habe ich heute die Gegenwart vollständig erlebt und gleichzeitig meine langfristigen Ziele berücksichtigt?" „Welche Schritte habe ich unternommen, um beides in Einklang zu bringen?"
	Affirmationspraxis	

Tipp des Tages: Betrachten Sie heute, wie Sie die Balance zwischen dem gegenwärtigen Leben und dem Verfolgen Ihrer Ziele aufrechterhalten können. Überlegen Sie, welche Ansätze Ihnen helfen, die Schönheit eines jeden Tages voll zu genießen, während Sie gleichzeitig an Ihren langfristigen Plänen und Träumen arbeiten. Entdecken Sie Wege, um im aktuellen Augenblick präsent zu sein, ohne Ihre zukünftigen Ziele aus dem Blick zu verlieren. Erwägen Sie die Bedeutung dieses Gleichgewichts für Ihre persönliche Zufriedenheit und Ihren Erfolg. Stellen Sie sich das Ziel, sowohl im Hier und Jetzt zu leben als auch gezielt Ihre Zukunft zu gestalten.

Übung, um im gegenwärtigen Moment präsent zu sein:

- Wählen Sie zwei oder drei Momente am Tag, in denen Sie für ein paar Minuten ganz bewusst im Hier und Jetzt verweilen. Dies könnte beispielsweise während einer Tasse Kaffee am Morgen, bei einem kurzen Spaziergang in der Mittagspause oder beim Abendessen sein.

- Konzentrieren Sie sich in diesen Momenten auf Ihre Atmung. Nehmen Sie fünf tiefe, bewusste Atemzüge. Spüren Sie, wie die Luft ein- und ausströmt, und achten Sie auf die Empfindungen in Ihrem Körper.
- Nehmen Sie Ihre unmittelbare Umgebung wahr. Was sehen, hören, riechen oder fühlen Sie? Erlauben Sie sich, diese Eindrücke ganz bewusst aufzunehmen, ohne zu urteilen oder zu bewerten.
- Denken Sie an etwas, wofür Sie in diesem Moment dankbar sind. Es kann etwas Kleines oder Großes sein. Die Dankbarkeit hilft Ihnen, den gegenwärtigen Moment zu schätzen.
- Überlegen Sie am Ende jedes dieser Momente, wie Sie die gewonnenen Einsichten und das Gefühl der Präsenz in die Planung Ihrer Zukunft einfließen lassen können. Wie können diese Momente der Achtsamkeit Ihnen helfen, Ihre Ziele klarer zu sehen?

Tag 74

Stichwort des Tages: Jeder Tag zählt

Der Gedanke, dass tägliche Routinen und Verpflichtungen als Teil des Weges zu größeren Zielen gesehen werden sollten, steht im Zentrum dieser Betrachtung. Jeder Tag bietet neue Gelegenheiten, sich Ihren Träumen durch kleine, aber signifikante Schritte anzunähern, und ist eine Einladung, in den täglichen Aufgaben Chancen zur persönlichen Entwicklung zu erkennen und diese als Bausteine für die Erreichung Ihrer langfristigen Ziele zu nutzen.

Tageszeit	Aktivität	Beschreibung
Morgen	Dankbarkeitspraxis	
	Affirmationspraxis	
Mittag	Manifestations-übung	Manifestationsübung 3
	Fokusmeditation	Fokusmeditation 3

Abend	Tagesreflexion	Reflexionsfragen: „Wie haben meine heutigen Tätigkeiten mich meinen langfristigen Zielen nähergebracht?" „Wie kann ich meine täglichen Routinen weiterhin als Schritte zur Zielerreichung nutzen?"
	Affirmationspraxis	

Tipp des Tages: Erwägen Sie heute, inwiefern Ihre alltäglichen Tätigkeiten als Schritte zur Erreichung Ihrer langfristigen Ziele dienen können. Stellen Sie sich vor, wie jede noch so kleine tägliche Aufgabe einen Beitrag zu Ihren größeren Lebensplänen leistet. Überprüfen Sie, wie Sie Ihre alltäglichen Routinen so anpassen können, dass sie mit Ihren persönlichen Zielen übereinstimmen. Betrachten Sie den heutigen Tag als Chance, durch bewusste Aktionen Ihre Zukunft zu gestalten. Nehmen Sie sich vor, die täglichen Verpflichtungen als integralen Bestandteil Ihres Weges zur Erfüllung Ihrer Träume zu sehen.

Tag 75

Stichwort des Tages: Pflicht und Leidenschaft

Betrachten Sie das Gleichgewicht in Ihrem Leben als eine Kunst, ähnlich einem Tänzer, der zwischen verschiedenen Bewegungen wechselt. Es geht darum, die Fähigkeit zu entwickeln, geschickt zwischen täglichen Verpflichtungen und der Verfolgung Ihrer persönlichen Ziele zu balancieren. Diese Metapher soll Sie dazu inspirieren, Harmonie in Ihrem Alltag zu schaffen, indem Sie sowohl Ihren Pflichten als auch Ihren Leidenschaften gerecht werden.

Tageszeit	Aktivität	Beschreibung
Morgen	Dankbarkeitspraxis Affirmationspraxis	

Mittag	Manifestations-übung	Manifestationsübung 3
	Fokusmeditation	Fokusmeditation 3
Abend	Tagesreflexion	Reflexionsfragen: „Wie habe ich heute zwischen meinen Verpflichtungen und meinen Zielen balanciert?" „Auf welche Weise habe ich heute sowohl meinen Pflichten als auch meinen Wünschen Raum gegeben?"
	Affirmationspraxis	

Tipp des Tages: Denken Sie heute darüber nach, wie Sie die Balance zwischen Ihren alltäglichen Verpflichtungen und Ihren persönlichen Zielen finden können. Stellen Sie sich vor, wie Sie geschickt und harmonisch durch die verschiedenen Aspekte Ihres Lebens navigieren. Schenken Sie sowohl den täglichen Aufgaben als auch Ihren größeren Träumen die Aufmerksamkeit, die beide verdienen. Bedenken Sie, wie ein ausgewogenes Leben Ihnen dabei hilft, sowohl beruflich als auch persönlich zu wachsen. Fassen Sie den Entschluss, ein Leben zu führen, das sowohl Ihre Pflichten als auch Ihre Leidenschaften in Einklang bringt.

Tag 76

Stichwort des Tages: Meistern Ihres Alltags

Sehen Sie Ihre täglichen Herausforderungen nicht als Hindernisse, sondern als wichtige Schritte auf dem Weg zur Erfüllung Ihrer Träume. Das erfolgreiche Navigieren durch alltägliche Pflichten schafft die Basis, um größere Ziele zu erreichen. Diese Perspektive fordert Sie auf, selbst in den routinemäßigen Momenten des Tages Chancen für persönliches Wachstum und Zielerreichung zu finden.

Tageszeit	Aktivität	Beschreibung
Morgen	Dankbarkeitspraxis	
	Affirmationspraxis	
Mittag	Manifestations-übung	Manifestationsübung 3
	Fokusmeditation	Fokusmeditation 3
Abend	Tagesreflexion	Reflexionsfragen: „Wie haben die heutigen Herausforderungen zur Stärkung meiner Fähigkeiten beigetragen?" „Inwiefern hat meine heutige Leistung mich meinen langfristigen Zielen nähergebracht?"
	Affirmationspraxis	

Tipp des Tages: Heute könnten Sie darüber nachdenken, wie die Bewältigung Ihrer alltäglichen Aufgaben und Herausforderungen Ihnen bei der Verwirklichung Ihrer Träume hilft. Sehen Sie in den täglichen Pflichten Chancen, die Sie Ihrem Endziel näherbringen. Erkennen Sie, dass jeder Tag, unabhängig von seiner Routine, einen wertvollen Beitrag zu Ihrem Gesamterfolg leistet. Bedenken Sie, wie die kleinen Siege im Alltag Ihnen dabei helfen, sich auf größere Ziele vorzubereiten und diese zu erreichen. Verpflichten Sie sich dazu, die Bedeutung jeder täglichen Aufgabe im Hinblick auf Ihre langfristigen Ambitionen zu schätzen.

Tag 77

Stichwort des Tages: Jeder Tag ist eine neue Chance

Die Vorstellung, dass jeder Tag eine Chance bietet, die Waage zwischen Träumen und Pflichten auszubalancieren, lädt Sie ein, jeden Tag als Gelegenheit zu nutzen, Ihre persönlichen Ziele und alltäglichen

Verantwortlichkeiten in Einklang zu bringen. Suchen Sie aktiv ein Gleichgewicht, das sowohl Ihren Ambitionen als auch Ihren täglichen Verpflichtungen gerecht wird. Diese Herangehensweise fördert das Etablieren eines harmonischen Rhythmus in Ihrem Leben, der sowohl Ihre Träume unterstützt als auch Ihren alltäglichen Pflichten Raum gibt.

Tageszeit	Aktivität	Beschreibung
Morgen	Dankbarkeitspraxis	
	Affirmationspraxis	
Mittag	Manifestations-übung	Manifestationsübung 3
	Fokusmeditation	Fokusmeditation 3
Abend	Tagesreflexion	Reflexionsfragen: „Wie habe ich heute meine persönlichen Ziele und alltäglichen Verpflichtungen in Balance gehalten?" „Welche Momente heute haben mir gezeigt, dass ich sowohl meinen Träumen als auch meinen Pflichten gerecht werde?"
	Affirmationspraxis	

Tipp des Tages: Erkunden Sie heute die Kunst, täglich ein Gleichgewicht zwischen Ihren langfristigen Zielen und Ihren alltäglichen Verpflichtungen zu finden. Stellen Sie sich vor, wie Sie beide Aspekte Ihres Lebens harmonisch miteinander verweben. Erkennen Sie die Wichtigkeit eines jeden Tages an, der Ihnen dabei hilft, Ihre Träume zu verwirklichen und gleichzeitig Ihren täglichen Aufgaben gerecht zu werden. Entwickeln Sie Überlegungen dazu, wie Sie diese Balance kontinuierlich verbessern und stärken können, um sowohl Ihren Ambitionen als auch Ihren Verantwortlichkeiten optimal gerecht zu werden. Setzen Sie sich das Ziel, jeden Tag als Gelegenheit zu nutzen, um

Ihre persönlichen Ziele und alltäglichen Verpflichtungen in Einklang zu bringen.

WOCHE 12 – KREATIVITÄT UND MANIFESTATION

Tag 78

<u>Stichwort des Tages:</u> Nutzen Sie Ihre Kreativität

Die Vorstellung, die Macht Ihrer Kreativität zu entfesseln, um Ihren Manifestationen Leben einzuhauchen, fordert Sie heraus, die unerschöpfliche Quelle Ihrer kreativen Energie zu nutzen, um Ihre Manifestationen zu intensivieren. Kreativität ist ein Schlüsselelement, um Ihre Gedanken und Träume lebendig und wirkungsvoll zu machen. Durch das Integrieren kreativer Ansätze in Ihre Manifestationspraxis können Sie die Lebendigkeit und Farbigkeit Ihrer Visionen erhöhen und damit ihre Realisierung beschleunigen.

Tageszeit	Aktivität	Beschreibung
Morgen	Dankbarkeitspraxis	
	Affirmationspraxis	
Mittag	Manifestations-übung	Manifestationsübung 3
	Fokusmeditation	Fokusmeditation 3
Abend	Tagesreflexion	Reflexionsfragen: „Wie habe ich heute Kreativität in meiner Manifestationspraxis eingesetzt?“ „Auf welche Weise hat meine Kreativität heute meine Ziele und Visionen bereichert?“
	Affirmationspraxis	

Tipp des Tages: Nutzen Sie gezielt Ihre Vorstellungskraft, um Ihre Manifestationen dynamisch zu gestalten. Betrachten Sie kreative Methoden als Schlüssel zur Verstärkung Ihrer Manifestationspraxis. Stellen Sie sich vor, wie jede kreative Idee Ihre Ziele lebendig und erreichbar macht. Ermutigen Sie sich selbst, außerhalb der gewohnten Denkmuster zu agieren, um Ihre Manifestationen vielseitiger und wirkungsvoller zu gestalten. Setzen Sie kreative Visualisierungen ein, um die Energie Ihrer Gedanken zu steigern und Ihre Ziele greifbarer zu machen.

Tag 79

Stichwort des Tages: Ihre Intuition als Führer

Lassen Sie Ihre Intuition die Führung auf Ihrem Manifestationsweg übernehmen. Nutzen Sie Ihre intuitiven Impulse als Wegweiser, die Ihnen Klarheit und Inspiration auf Ihrem Weg der Manifestation geben. Ihre kreative Intuition ist ein mächtiger Verbündeter, der Ihnen hilft, die richtigen Schritte zu wählen und Ihre Träume in greifbare Realität umzuwandeln.

Tageszeit	Aktivität	Beschreibung
Morgen	Dankbarkeitspraxis	
	Affirmationspraxis	
Mittag	Manifestations-übung	Manifestationsübung 3
	Fokusmeditation	Fokusmeditation 3
Abend	Tagesreflexion	Reflexionsfragen: „Wie hat meine Intuition heute meine Entscheidungen beeinflusst?" „In welchen Momenten fühlte ich mich besonders intuitiv geführt?"
	Affirmationspraxis	

Tipp des Tages: Vertrauen Sie auf die Weisheit Ihrer kreativen Intuition, um Ihren Manifestationsprozess zu bereichern. Erkunden Sie, wie intuitive Gedanken und Gefühle Ihre kreativen Ideen lebendig und realisierbar machen können. Experimentieren Sie mit spontanen Eingebungen, um Ihren Manifestationen eine frische, intuitive Dimension zu verleihen. Nutzen Sie die tiefe Verbindung zwischen Ihrer Intuition und Kreativität, um Ihre Manifestationspraxis zu intensivieren und zu verfeinern.

Tag 80

Stichwort des Tages: Kreativität ist der Schlüssel

Erkennen Sie die Kraft Ihrer Kreativität als zentrales Element Ihrer Manifestationsbemühungen und setzen Sie Ihre kreativen Fähigkeiten aktiv ein, um Ihre Visionen und Träume zu realisieren. Betrachten Sie Ihre Kreativität als einen wertvollen Schlüssel, der es Ihnen ermöglicht, neue Wege zu beschreiten und Ihre Manifestationsziele zu erreichen.

Tageszeit	Aktivität	Beschreibung
Morgen	Dankbarkeitspraxis	
	Affirmationspraxis	
Mittag	Manifestationsübung	Manifestationsübung 3
	Fokusmeditation	Fokusmeditation 3
Abend	Tagesreflexion	Reflexionsfragen: „Welche kreativen Einsichten hatte ich heute?" „Wie haben meine kreativen Ideen heute meine Manifestationspraxis beeinflusst?"
	Affirmationspraxis	

Tipp des Tages: Erkunden Sie die vielfältigen Möglichkeiten, wie Ihre Kreativität Ihre Manifestationsfähigkeiten ergänzen und bereichern kann. Seien Sie offen für kreative Ideen und Eingebungen, die Ihnen auf Ihrem Manifestationsweg begegnen. Nutzen Sie Momente der Inspiration, um Ihre Visionen und Träume mit frischer Energie und Perspektive zu beleben. Lassen Sie Ihrer Kreativität freien Lauf und beobachten Sie, wie sie Ihre Manifestationen auf lebendige und dynamische Weise beeinflusst.

Tag 81

Stichwort des Tages: Die Grenzen des Geistes erweitern

Heute sollen Sie darüber nachdenken, wie Sie Ihre kreative Energie als Katalysator zwischen Ihrer aktuellen Situation und Ihren Manifestationszielen einsetzen können. Die bewusste Anwendung Ihrer Kreativität ermöglicht es Ihnen, innovative Wege zur Zielerreichung zu entdecken und zu verfolgen. Kreatives Denken erweitert nicht nur Ihren Horizont, sondern kann auch als kraftvolles Werkzeug dienen, um Ihre Träume in die Realität umzusetzen.

Tageszeit	Aktivität	Beschreibung
Morgen	Dankbarkeitspraxis	
	Affirmationspraxis	
Mittag	Manifestations-übung	Manifestationsübung 3
	Fokusmeditation	Fokusmeditation 3
Abend	Tagesreflexion	Reflexionsfragen: „Wie hat meine Kreativität heute meinen Weg beeinflusst?“ „Welche neuen kreativen Ideen sind mir heute eingefallen?“
	Affirmationspraxis	

Tipp des Tages: Setzen Sie kreative Techniken ein, um Ihre Manifestationsziele zu visualisieren und zu konkretisieren. Experimentieren

Sie mit verschiedenen Ausdrucksformen der Kreativität, ob durch Schreiben, Zeichnen oder andere künstlerische Methoden. Beobachten Sie, wie Ihre Kreativität Ihre Gefühle und Entscheidungen beeinflusst, und nutzen Sie diese Erkenntnisse, um Ihre Manifestationskraft zu steigern. Indem Sie kreativ denken, öffnen Sie sich für neue Lösungsansätze und Perspektiven, die Ihnen auf dem Weg zur Realisierung Ihrer Träume helfen können.

Tag 82

Stichwort des Tages: Kreativität macht das Unmögliche möglich

Dieses Stichwort dient als Erinnerung an die Macht Ihrer kreativen Gedanken und Ideen. Sie sind dazu eingeladen, sich von konventionellen Denkmustern zu lösen und das Potenzial Ihrer Einbildungskraft voll auszuschöpfen. Indem Sie Ihre kreativen Fähigkeiten nutzen, öffnen Sie die Tür zu neuen Möglichkeiten und Sichtweisen, die Ihre Manifestationserfahrungen bereichern und intensivieren können.

Tageszeit	Aktivität	Beschreibung
Morgen	Dankbarkeitspraxis	
	Affirmationspraxis	
Mittag	Manifestations-übung	Manifestationsübung 3
	Fokusmeditation	Fokusmeditation 3
Abend	Tagesreflexion	Reflexionsfragen: „Wie haben meine kreativen Gedanken heute meine Entscheidungen beeinflusst?" „In welchen Momenten war ich heute besonders kreativ?"
	Affirmationspraxis	

Tipp des Tages: Ermutigen Sie sich selbst, neue, kreative Ansätze für Ihre täglichen Herausforderungen zu finden. Experimentieren Sie mit unkonventionellen Ideen und Methoden, um Ihre Ziele zu erreichen. Beobachten Sie, wie die Einbindung von Kreativität in Ihren Alltag Ihre Einstellung und Ihre Ergebnisse verändert. Nutzen Sie die Kraft Ihrer Kreativität, um über festgefahrene Muster hinauszugehen und sich neuen Erfahrungen zu öffnen, die Ihre Manifestationen bereichern und effektiver machen.

Tag 83

Stichwort des Tages: Lebendiges Gestalten

Stellen Sie sich Ihre Gedanken als Pinselstriche vor, mit denen Sie das Bild Ihres Lebens malen. Jeder Gedanke, positiv oder negativ, trägt dazu bei, ein lebendiges und erfüllendes Lebensbild zu erschaffen. Heute liegt der Fokus darauf, zu erkennen, wie Ihre Gedanken und Vorstellungskraft die Realität gestalten, die Sie erleben.

Tageszeit	Aktivität	Beschreibung
Morgen	Dankbarkeitspraxis	
	Affirmationspraxis	
Mittag	Manifestations-übung	Manifestationsübung 3
	Fokusmeditation	Fokusmeditation 3
Abend	Tagesreflexion	Reflexionsfragen: „Wie haben meine kreativen Gedanken heute meine Entscheidungen beeinflusst?“ „Welche neuen Ideen oder Perspektiven habe ich heute entwickelt?“
	Affirmationspraxis	

Tipp des Tages: Heute ist ein guter Tag, um Ihre Kreativität in alltäglichen Situationen zu integrieren. Finden Sie Wege, um kreative Lösungen für Herausforderungen zu finden oder neue, innovative Ideen in Ihr Berufs- oder Privatleben einzubringen. Beobachten Sie, wie diese kreativen Impulse Ihre Manifestationsbemühungen unterstützen und Ihnen helfen, Ihre Ziele auf frische und dynamische Weise zu erreichen. Nutzen Sie Ihre Vorstellungskraft als Werkzeug, um Ihre Manifestationen zu bereichern und zu stärken.

Nachfolgend ein paar Vorschläge, um Kreativität in Ihren Alltag zu integrieren:

- **Legen Sie eine Kunstpause ein.**

  o Zeichnen, malen oder skizzieren Sie, selbst wenn es nur Kritzeleien oder einfache Muster sind. Dies entspannt den Geist und kann helfen, neue Ideen zu fördern.

- **Verändern Sie Ihren Blickwinkel**

  o Stellen Sie sich bei einer alltäglichen Aufgabe vor, wie eine Person, die Sie bewundern, diese Aufgabe lösen würde. Dies könnte Sie zu neuen Perspektiven und kreativen Lösungen inspirieren.

- **Nutzen Sie die Natur als Inspiration**

  o Verbringen Sie Zeit in der Natur und lassen Sie sich von den Formen, Farben und Mustern inspirieren. Überlegen Sie, wie Sie Elemente der Natur in Ihre Arbeit oder Ihr Zuhause integrieren können.

- **Kreatives Schreiben**

  o Führen Sie ein kleines Tagebuch oder eine Notiz-App, in der Sie interessante Gedanken, Beobachtungen oder Dialogfetzen festhalten. Diese können später als Inspiration dienen.

- **Musikalische Unterbrechungen**

  o Hören Sie während des Tages unterschiedliche Musikstile, um Ihre Stimmung und Kreativität zu beeinflussen. Experimentieren Sie mit Genres, die Sie normalerweise nicht hören.

Tag 84

Stichwort des Tages: Tiefgreifende Veränderung

Jeder Gedanke, der Innovation und Kreativität in sich trägt, besitzt das Potenzial, nicht nur Ihr eigenes Leben, sondern auch Ihre Umwelt tiefgreifend zu verändern. Nutzen Sie diesen Tag, um zu erkennen, wie Ihre kreativen Ideen einen bedeutenden Einfluss auf Ihre Manifestationsbestrebungen haben können.

Tageszeit	Aktivität	Beschreibung
Morgen	Dankbarkeitspraxis	
	Affirmationspraxis	
Mittag	Manifestationsübung	Manifestationsübung 3
	Fokusmeditation	Fokusmeditation 3
Abend	Tagesreflexion	Reflexionsfragen: „Welche kreativen Ideen habe ich heute entwickelt?" „Wie kann ich diese Ideen nutzen, um meine Ziele zu erreichen?"
	Affirmationspraxis	

Tipp des Tages: Nutzen Sie die kreative Energie, die in Ihnen schlummert, um Ihre Manifestationskraft zu verstärken. Sehen Sie jede kreative Idee als eine Gelegenheit, Ihr Leben und das der Menschen um Sie herum positiv zu beeinflussen. Lassen Sie Ihrer Kreativität freien Lauf und beobachten Sie, wie diese Energie Ihre Fähigkeit zur Manifestation bereichert und Ihre Träume und Ziele in greifbare Realität verwandelt.

WOCHE 13 – DANKBARKEIT UND ERFOLG

Tag 85

Stichwort des Tages: Dankbarkeit öffnet Türen

Erfahren Sie heute, wie Dankbarkeit eine wesentliche Rolle auf Ihrem Weg zum Erfolg spielt. Jeder Moment der Dankbarkeit erhöht Ihre Schwingungen und zieht positive Erfahrungen an. Denken Sie darüber nach, wie die Haltung der Dankbarkeit Ihre Perspektive verändert hat und wie sie zur Erreichung Ihrer Ziele beiträgt.

Tageszeit	Aktivität	Beschreibung
Morgen	Dankbarkeitspraxis	
	Affirmationspraxis	
Mittag	Manifestations-übung	Manifestationsübung 1
	Fokusmeditation	Fokusmeditation 1
Abend	Tagesreflexion	Reflexionsfragen: „Wie hat Dankbarkeit heute meine Einstellung zum Erfolg beeinflusst?" „In welchen Momenten fühlte ich mich heute besonders dankbar?"
	Affirmationspraxis	

Tipp des Tages: Erkennen Sie den tiefen Zusammenhang zwischen Dankbarkeit und Erfolg. Jedes Mal, wenn Sie sich für das, was Sie bereits erreicht haben, dankbar zeigen, verstärken Sie Ihr Vertrauen und Ihre Motivation, weitere Erfolge zu erzielen. Nutzen Sie die Kraft der Dankbarkeit als einen Katalysator für zukünftigen Erfolg und erinnern Sie sich daran, dass jeder Schritt auf Ihrem Weg, egal, wie klein, einen Beitrag zu Ihrem Gesamterfolg leistet.

Tag 86

Stichwort des Tages: Dankbarkeit als Antriebskraft

„Erfolg ist das Ergebnis von Dankbarkeit, die sich in Handlung verwandelt."

Erkennen Sie, wie Dankbarkeit als Antriebskraft für Ihr Handeln fungieren kann. Jeder dankbare Gedanke kann Sie zu zielgerichteten Aktionen inspirieren, die Ihren Weg zum Erfolg ebnen. Erkennen Sie, wie das Ausdrücken von Dankbarkeit für das, was Sie bereits haben, Ihre Motivation steigert, um noch größere Ziele zu erreichen.

Tageszeit	Aktivität	Beschreibung
Morgen	Dankbarkeitspraxis	
	Affirmationspraxis	
Mittag	Manifestationsübung	Manifestationsübung 1
	Fokusmeditation	Fokusmeditation 1
Abend	Tagesreflexion	Reflexionsfragen: „Wie hat Dankbarkeit meine Handlungen heute beeinflusst?" „Welche Schritte habe ich unternommen, um meinen Erfolg zu fördern?"
	Affirmationspraxis	

Tipp des Tages: Nutzen Sie die Kraft der Dankbarkeit, um Ihre Handlungen zu lenken und zu motivieren. Jedes Mal, wenn Sie dankbar für etwas in Ihrem Leben sind, lassen Sie diese Dankbarkeit zu einem Antrieb werden, der Sie vorwärtsbringt. Erinnern Sie sich daran, dass die Wertschätzung des Gegenwärtigen oft der Schlüssel ist, um die Tür zu zukünftigem Erfolg zu öffnen.

Tag 87

Stichwort des Tages: Dankbarkeit als Lebensweise

Dieser Gedanke betont, dass Dankbarkeit mehr als ein sporadischer Akt ist; sie ist eine Haltung, die tief in Ihren Alltag integriert sein sollte. Erkennen Sie, wie die ständige Praxis der Dankbarkeit Ihre Perspektive auf Erfolg und das Erreichen Ihrer Ziele beeinflusst.

Tageszeit	Aktivität	Beschreibung
Morgen	Dankbarkeitspraxis	
	Affirmationspraxis	
Mittag	Manifestations-übung	Manifestationsübung 1
	Fokusmeditation	Fokusmeditation 1
Abend	Tagesreflexion	Reflexionsfragen: „Welche Rolle spielte Dankbarkeit heute in meinem Streben nach Erfolg?" „Wie kann ich Dankbarkeit als ständige Praxis in mein Leben integrieren?"
	Affirmationspraxis	

Tipp des Tages: Sehen Sie Dankbarkeit als einen wesentlichen Bestandteil Ihres Weges zum Erfolg. Jeden Tag, den Sie mit einer dankbaren Haltung beginnen und beenden, stärken Sie Ihre Fähigkeit, Erfolge zu erkennen und zu schätzen. Nutzen Sie Dankbarkeit als eine konstante Quelle der Inspiration und Motivation auf Ihrem Weg zu Ihren Zielen.

Tag 88

Stichwort des Tages: Dankbar sein in jeder Hinsicht

In dieser Aussage liegt die Einsicht verborgen, dass Ihre vergangenen Erfahrungen und Ihre Zukunftsvision eng miteinander verknüpft sind.

Der Erfolg, den Sie heute anstreben, wurzelt in der Dankbarkeit für Ihre vergangenen Errungenschaften und Herausforderungen. Jede Erfahrung in der Vergangenheit hat Sie geformt und vorbereitet auf das, was Sie noch erreichen wollen. Diese Worte motivieren Sie, sowohl Ihre vergangenen Erfolge als auch Ihre zukünftigen Ziele wertzuschätzen und als Wegweiser für Ihre Weiterentwicklung zu nutzen.

Tageszeit	Aktivität	Beschreibung
Morgen	Dankbarkeitspraxis	
	Affirmationspraxis	
Mittag	Manifestations-übung	Manifestationsübung 1
	Fokusmeditation	Fokusmeditation 1
Abend	Tagesreflexion	Reflexionsfragen: „Wie hat meine Dankbarkeit für die Vergangenheit meine heutigen Bestrebungen beeinflusst?" „Inwiefern habe ich heute meine Zukunftsvision genährt?"
	Affirmationspraxis	

Tipp des Tages: Erkennen Sie die Kraft der Dankbarkeit als Fundament für zukünftige Erfolge. Sehen Sie in jeder vergangenen Erfahrung, ob positiv oder herausfordernd, einen Baustein für Ihre Zukunft. Diese Perspektive ermöglicht es Ihnen, sich auf das zu konzentrieren, was noch kommen wird, und Ihre Energie darauf zu richten, Ihre Träume und Ziele zu verwirklichen. Indem Sie Dankbarkeit als Brücke zwischen Vergangenheit und Zukunft nutzen, können Sie eine solide Basis für anhaltenden Erfolg schaffen.

Tag 89

Stichwort des Tages: Eine starke Basis schaffen

Dankbarkeit bildet eine starke Basis, auf der Erfolg gedeiht. Indem Sie sich Ihrer Errungenschaften und positiven Erfahrungen bewusstwerden, schaffen Sie ein solides Fundament für zukünftige Erfolge. Dankbar zu sein bedeutet, den Wert dessen zu erkennen, was Sie bereits haben, und darauf aufzubauen. Jedes Gefühl der Dankbarkeit ist wie ein Samen, der, wenn er gepflegt wird, zu weiterem Wachstum und Erfolg führen kann. Dankbarkeit erlaubt es Ihnen, den Blickwinkel auf das Gute in Ihrem Leben zu fokussieren, was Sie wiederum motiviert, weiterhin Ihre Ziele zu verfolgen und neue Höhen zu erreichen.

Tageszeit	Aktivität	Beschreibung
Morgen	Dankbarkeitspraxis	
	Affirmationspraxis	
Mittag	Manifestations-übung	Manifestationsübung 1
	Fokusmeditation	Fokusmeditation 1
Abend	Tagesreflexion	Reflexionsfragen: „Wie hat meine Dankbarkeit heute meine Einstellung zum Erfolg beeinflusst?“ „Welche Erfolge konnte ich heute manifestieren?“
	Affirmationspraxis	

Tipp des Tages: Indem Sie sich jeden Tag bewusst machen, was Sie bereits erreicht haben, erneuern Sie Ihre Entschlossenheit, weiter voranzukommen. Diese Haltung hilft Ihnen dabei, Herausforderungen als Wachstumschancen zu sehen und Chancen zu ergreifen, die Ihren Weg kreuzen. Reflektieren Sie täglich, um Ihre Errungenschaften zu würdigen und Ihre Ziele im Auge zu behalten.

Tag 90 – Am Ziel Ihrer Reise

Sie haben es geschafft! Tag 90 der Challenge markiert nicht nur das Ende dieser intensiven und bereichernden Reise, sondern auch den

Beginn eines neuen, aufregenden Kapitels in Ihrem Leben. In den letzten drei Monaten haben Sie sich mit Hingabe und Engagement Ihren persönlichen Zielen, Träumen und Bestrebungen gewidmet. Sie haben gelernt, wie mächtig die Kraft der Manifestation sein kann und wie Sie diese Kraft nutzen können, um Ihr Leben aktiv zu gestalten und zu verbessern. Sie haben nicht nur Techniken der Affirmation, Dankbarkeit und Meditation gemeistert, sondern auch gelernt, wie Sie Ihre Gedanken und Handlungen in Einklang mit Ihren Zielen und Wünschen bringen können. Dieser Weg war sicherlich nicht immer einfach und erforderte Disziplin, Geduld und Ausdauer, doch die Veränderungen, die Sie in Ihrem Leben und in sich selbst gespürt haben, sind der Beweis für Ihre harte Arbeit und Ihr Engagement.

Diese 90 Tage waren eine Zeit des Wachstums, der Selbsterkenntnis und der Transformation. Sie haben gelernt, wie Sie trotz äußerer Herausforderungen und innerer Zweifel Ihren Fokus behalten und weiterhin positiv und zielgerichtet denken können. Durch die tägliche Praxis haben Sie eine tiefere Verbindung zu sich selbst und zu Ihren wahren Wünschen hergestellt. Sie haben entdeckt, dass wahre Stärke und Erfolg nicht nur in dem liegen, was Sie erreichen, sondern auch in dem, wie Sie auf dem Weg dorthin wachsen. Jede Affirmation, jede Meditation und jede Reflexion haben dazu beigetragen, eine solide Grundlage für ein erfülltes und zielgerichtetes Leben zu schaffen. Sie sind nun besser gerüstet, um Ihre Träume zu verfolgen und Ihre Realität bewusst zu gestalten.

Heute, am letzten Tag der Challenge, ist es Zeit, innezuhalten und sich all der Fortschritte und Erfolge bewusst zu werden, die Sie erzielt haben. Schauen Sie zurück und erkennen Sie, wie weit Sie gekommen sind. Sie haben bewiesen, dass Sie die Kraft haben, positive Veränderungen in Ihrem Leben zu manifestieren. Dies ist jedoch nicht das Ende Ihrer Reise – es ist vielmehr ein Sprungbrett für weitere Abenteuer und Erfolge. Nutzen Sie die Werkzeuge und Erkenntnisse, die Sie erlangt haben, um weiterhin Ihr Leben nach Ihren Vorstellungen zu gestalten. Sie haben gelernt, wie Sie Ihre innere Kraft nutzen können, um Ihre Träume zu verwirklichen. Lassen Sie diesen Tag ein freudiges Zeichen dafür sein, dass Ihre Reise gerade erst begonnen hat. Gehen

Sie mit Zuversicht und Optimismus in die Zukunft und denken Sie daran, dass jeder Tag eine neue Gelegenheit bietet, das Beste aus Ihrem Leben zu machen.

Erfolgstracking und Reflexion – Ihr Erfolgstagebuch

Ein Manifestationstagebuch zu führen ist eine sinnvolle und ergänzende Methode, um Ihre Reise durch die Welt der Manifestation zu dokumentieren. Stellen Sie sich dieses Tagebuch als Ihren treuen Begleiter vor, einen Ort, an dem Sie Ihre Gedanken, Ziele, Erfolge und Herausforderungen festhalten. Es ist sozusagen ein Spiegel Ihrer inneren Welt und ein Werkzeug, das Ihnen hilft, Ihre Träume zu verfolgen und zu verwirklichen.

Die Struktur eines solchen Tagebuchs sollte so gestaltet sein, dass sie Ihnen maximale Flexibilität und Klarheit bietet. Beginnen Sie jede Seite mit einem Datum und einem Titel, der das Hauptthema oder Ziel des Tages widerspiegelt. Dies hilft Ihnen, Ihre Gedanken zu ordnen, und gibt Ihrem Tag eine klare Ausrichtung. Unter diesem Titel haben Sie dann genügend Raum, um Ihre täglichen Erfahrungen, Beobachtungen und Erkenntnisse festzuhalten. Dies kann alles umfassen, von den Affirmationen, die Sie verwendet haben, über die Herausforderungen, denen Sie begegnet sind, bis hin zu den kleinen Siegen, die Sie gefeiert haben.

Die täglichen Einträge in Ihrem Manifestationstagebuch dienen nicht nur der Dokumentation, sondern auch der Reflexion. Nutzen Sie diesen Raum, um tief in sich hineinzuhören und ehrlich über Ihre Fortschritte und Hindernisse nachzudenken. Fragen Sie sich, wie Ihre

Gedanken und Handlungen des Tages zu Ihren übergeordneten Manifestationszielen beigetragen haben. Machen Sie sich Notizen darüber, wie Sie sich gefühlt haben, welche Gedankenmuster Sie beobachtet haben und wie Sie auf verschiedene Situationen reagiert haben. Diese Selbsterkundung ist unerlässlich, um ein tieferes Verständnis für Ihre eigenen Manifestationswege zu entwickeln.

Das Manifestationstagebuch ist nicht nur ein Ort der Aufzeichnung, sondern auch ein Werkzeug der Selbstentwicklung. Es ermöglicht Ihnen, Ihre persönlichen Muster zu erkennen, Veränderungen in Ihrer Denkweise und Ihrem Verhalten zu beobachten und sich bewusst zu werden, wie Sie sich im Laufe der Zeit entwickeln. Diese kontinuierliche Selbstreflexion ist ein mächtiger Katalysator für persönliches Wachstum und Transformation. Indem Sie Ihre Gedanken und Erfahrungen aufschreiben, schaffen Sie eine greifbare Verbindung zwischen Ihren inneren Prozessen und Ihren äußeren Manifestationen.

Dieser Prozess könnte beispielhaft wie folgt aussehen:

Datum	**Gedanken/ Gefühle**	**Beobachtete Veränderungen**	**Erkenntnisse und Fortschritte**
01.01.	Unsicherheit bezüglich neuer Ziele	Langsam steigendes Vertrauen	Erkenntnis, dass Geduld notwendig ist
08.01.	Motivation und Klarheit über das Ziel	Zunehmende Fokussierung	Verständnis, dass klare Ziele motivieren
15.01.	Dankbarkeit für erste kleine Erfolge	Positive Einstellung	Wertschätzung der kleinen Schritte
22.01.	Herausforderungen bei der Umsetzung	Anpassung der Strategien	Lernen, flexibel zu bleiben

29.01.	Freude über erreichte Fortschritte	Erhöhtes Selbstbewusstsein	Erkennen des eigenen Potenzials

ANALYSE DER EIGENEN MANIFESTATIONSMUSTER

Die Analyse Ihrer eigenen Manifestationsmuster ist ein faszinierender und aufschlussreicher Prozess, der Ihnen tiefe Einblicke in Ihre persönliche Entwicklung und Ihre Fähigkeit zur bewussten Schöpfung bietet. Beginnen Sie mit der sorgfältigen Betrachtung Ihrer täglichen Einträge im Manifestationstagebuch. Hier verfolgen Sie, wie sich Ihre Gedanken, Gefühle und Handlungen im Laufe der Zeit entwickeln und wie diese Veränderungen Ihre Manifestationsbemühungen beeinflussen. Beachten Sie Muster in Ihren Gedanken: Neigen Sie dazu, in bestimmten Situationen positiv oder negativ zu denken? Identifizieren Sie emotionale Reaktionen und Überzeugungen, die regelmäßig auftreten, und reflektieren Sie darüber, wie diese Ihre Manifestationsergebnisse prägen. Vielleicht stellen Sie fest, dass bestimmte Gedankenmuster oder Emotionen häufiger auftreten, wenn Sie sich bestimmten Herausforderungen oder Chancen gegenübersehen.

Darüber hinaus ist es wertvoll, die Korrelation zwischen Ihren täglichen Handlungen und Ihren Manifestationserfolgen zu erkunden. Welche Routinen oder Praktiken unterstützen Ihre Manifestationsziele am effektivsten? Vielleicht bemerken Sie, dass bestimmte Aktivitäten wie Meditation, Affirmationen oder kreative Ausdrucksformen einen direkten Einfluss auf Ihre Fähigkeit haben, Ihre Wünsche zu manifestieren. Ebenso können Sie erkennen, dass gewisse Gewohnheiten oder Umstände kontraproduktiv wirken. Die sorgfältige Analyse dieser Muster ermöglicht es Ihnen, bewusste Anpassungen vorzunehmen, um Ihre Manifestationspraxis weiter zu optimieren und Ihre Ziele effektiver zu erreichen.

Zusammengefasst ergeben sich folgende zentrale Erkenntnisse aus der Analyse Ihrer Manifestationsmuster:

• **Das Erkennen und Verstehen von wiederkehrenden Gedankenmustern und emotionalen Reaktionen**

o Sind es überwiegend positive oder negative Gedanken?

o Wie wirken sich diese auf Ihre Stimmung und Energie im Alltag aus?

o Dies kann Ihnen helfen, ein tieferes Verständnis dafür zu entwickeln, wie Ihre inneren Prozesse Ihre Bemühungen zur Manifestation beeinflussen.

• **Die Identifizierung von Überzeugungen und Einstellungen, die Ihre Manifestation beeinflussen**

o Analysieren Sie, welche Glaubenssätze und Einstellungen in Ihren Einträgen häufig vorkommen. Gibt es bestimmte Annahmen über sich selbst oder die Welt, die wiederholt auftauchen? Erkennen Sie, wie diese Überzeugungen Ihre Fähigkeit zur Manifestation sowohl fördern als auch behindern können.

• **Die Verbindung zwischen täglichen Handlungen und Manifestationserfolgen**

o Beobachten Sie, wie Ihre alltäglichen Aktivitäten und Routinen sich auf Ihre Manifestationsziele auswirken:

➢ Welche Praktiken scheinen am wirksamsten zu sein?

➢ Gibt es bestimmte Gewohnheiten, die Sie möglicherweise ändern müssen, um Ihre Manifestationsfähigkeit zu verbessern?

• **Das Erkennen von förderlichen und hinderlichen Praktiken in Ihrer Manifestationsroutine**

o Identifizieren Sie spezifische Praktiken oder Routinen in Ihrem Alltag, die Ihre Manifestationsfähigkeit unterstützen oder hemmen. Dies könnte alles von bestimmten Meditationsübungen bis hin zu alltäglichen Gewohnheiten umfassen, die Ihre Energie und Konzentration beeinflussen.

• **Die Möglichkeit, bewusste Anpassungen zur Optimierung Ihrer Manifestationspraxis vorzunehmen** o Nutzen Sie die Erkenntnisse aus Ihrer Analyse, um bewusste Veränderungen in Ihrer Manifestationspraxis vorzunehmen. Experimentieren Sie mit neuen Techniken oder passen Sie bestehende Routinen an, um Ihre Effektivität bei der Verwirklichung Ihrer Ziele zu steigern.

FESTLEGUNG VON MEILENSTEINEN UND BELOHNUNGEN FÜR ERREICHTE ZIELE

Das Definieren von realistischen Zwischenzielen ist ein essenzieller Bestandteil auf Ihrem Weg, Ihre Träume und Wünsche Wirklichkeit werden zu lassen. Durch das Definieren klarer, erreichbarer Ziele können Sie nicht nur Ihre Motivation steigern, sondern auch Ihren Fortschritt sichtbar machen. Hier sind einige Schlüsselaspekte, die Sie bei der Festlegung Ihrer Zwischenziele berücksichtigen sollten:

- **Spezifität Ihrer Ziele**

o Formulieren Sie Ihre Ziele so genau wie möglich. Anstatt vage Ambitionen wie „mehr Erfolg im Beruf" zu verfolgen, definieren Sie, was „Erfolg" für Sie konkret bedeutet. Vielleicht möchten Sie eine bestimmte Position erreichen, ein eigenes Projekt erfolgreich abschließen oder eine gewisse Umsatzsteigerung erzielen. Je präziser Ihre Ziele sind, desto leichter wird es Ihnen fallen, die notwendigen Schritte zu ihrer Erreichung zu identifizieren.

- **Realistische Zeitspannen und erreichbare Schritte**

o Überlegen Sie realistisch, wie lange es dauern könnte, Ihre Ziele zu erreichen. Setzen Sie sich Zwischenziele, die innerhalb eines überschaubaren Zeitrahmens erreicht werden können. Beispielsweise könnte ein Ziel für die nächsten drei Monate sein, eine neue Fähigkeit zu erlernen, die Sie Ihrem beruflichen Ziel näherbringt. Durch das Aufteilen in kleinere, zeitlich festgelegte Schritte vermeiden Sie Überforderung und können sich über jeden erreichten Meilenstein freuen.

- **Messbarkeit und Überprüfbarkeit der Ziele**

o Stellen Sie sicher, dass Ihre Zwischenziele messbar sind. Dies könnte beinhalten, quantifizierbare Kriterien festzulegen, wie die Anzahl der zu akquirierenden neuen Kunden oder die Anzahl der Stunden, die Sie wöchentlich für eine bestimmte Aufgabe aufwenden wollen. Durch die Messbarkeit Ihrer Ziele können Sie Ihren Fortschritt überprüfen und bei Bedarf Anpassungen vornehmen.

Mit der Anwendung dieser Prinzipien schaffen Sie eine solide Grundlage für Ihre Manifestationspraxis. Sie ermöglichen es sich, Schritt für Schritt Ihren Zielen näher zu kommen, ohne sich in der Größe und Komplexität Ihrer Träume zu verlieren. Denken Sie daran, dass jeder kleine Schritt ein Erfolg ist und Sie Ihrer Vision näherbringt.

BELOHNUNGEN UND ANERKENNUNG IHRER ERFOLGE

Die Auswahl von Belohnungen als Motivationsfaktor sorgt dafür, dass Sie Ihre Reise der Selbstverwirklichung und Zielverfolgung mit Freude und Begeisterung aufrechterhalten. Stellen Sie sich vor, Sie erreichen ein Zwischenziel Ihrer Manifestationsreise – was wäre eine angemessene und erfreuliche Belohnung für diese Leistung? Diese Frage führt Sie nicht nur zur Wertschätzung Ihrer Fortschritte, sondern auch zu einer tieferen Selbstkenntnis. Es geht dabei nicht um materiellen Luxus oder exzessiven Konsum, sondern um das Bewusstsein, sich selbst für die harte Arbeit und das Engagement zu ehren. Belohnungen können so simpel sein wie ein entspannendes Bad, ein Lieblingsessen oder ein ruhiger Abend mit einem guten Buch. Das Ziel ist, sich selbst zu verwöhnen und anzuerkennen, dass Sie einen weiteren Schritt in Richtung Ihrer Träume gemacht haben.

Die Kunst der feierlichen Anerkennung von Erfolgen und Meilensteinen ist ebenfalls ein unverzichtbarer Bestandteil jeder Manifestationsreise. Es ist leicht, in den alltäglichen Aufgaben und Bestrebungen verloren zu gehen und die kleinen Siege zu übersehen. Doch gerade diese kleinen Siege sind es, die auf dem Weg zu großen Träumen das Rückgrat bilden. Ob es sich um das Erreichen eines kleinen Zwischenziels, das Überwinden einer Herausforderung oder einfach das Durchhalten an einem schwierigen Tag handelt – jeder Erfolg verdient es, gefeiert zu werden. Die Feier kann so individuell sein wie Sie selbst. Vielleicht organisieren Sie ein kleines Fest mit Freunden, schreiben in Ihr Tagebuch über Ihre Erfahrungen oder gönnen sich einen Tag zur freien Verfügung.

Es ist zudem förderlich, die Belohnung im Voraus festzulegen. Dies schafft eine klare Vorstellung von dem, was Sie erwartet, und wirkt als zusätzlicher Antrieb, um auf dem Weg zu bleiben. Das Wissen, dass eine wohlverdiente Belohnung auf Sie wartet, kann in schwierigen Momenten einen entscheidenden Unterschied machen. Dabei ist es wesentlich, dass die Belohnung in einem angemessenen Verhältnis zum erreichten Ziel steht. Eine zu große Belohnung kann die Wertschätzung für kleinere Errungenschaften mindern, während eine zu geringe Belohnung dem Erreichten nicht gerecht wird. Finden Sie daher eine Balance, die Ihren persönlichen Vorlieben entspricht und gleichzeitig Ihre Bemühungen angemessen würdigt.

Nehmen Sie sich die Zeit, auf den zurückgelegten Weg zu schauen, die geleistete Arbeit zu würdigen und daraus Inspiration und Motivation für die Zukunft zu schöpfen. Erinnern Sie sich an die Anfangszeiten Ihrer Reise, die Herausforderungen, die Sie gemeistert haben, und die Veränderungen, die Sie an sich selbst bemerken. Dieses Bewusstsein für den eigenen Wachstumsprozess ist unbezahlbar und stärkt Ihre Entschlossenheit, weiterhin Ihren Traum zu verfolgen. Jeder Erfolg, sei er groß oder klein, ist ein Zeichen dafür, dass Sie auf dem richtigen Weg sind. Feiern Sie diese Erfolge – sie sind Ihre Meilensteine auf dem Weg zu einem erfüllten und selbstbestimmten Leben.

ANPASSUNG DER MANIFESTATIONSPRAXIS BASIEREND AUF REFLEXIONSERGEBNISSEN

Die Anpassung Ihrer Manifestationspraxis erfordert ein tiefes Verständnis für Ihre eigenen Bedürfnisse, Wünsche und Ziele. Dieser Vorgang ist vergleichbar mit einem Gärtner, der seine Pflanzen pflegt: Sie müssen regelmäßig überprüfen, ob die Pflanzen genug Wasser und Sonnenlicht bekommen, und gegebenenfalls die Bedingungen anpassen. Genauso sollten Sie Ihre Manifestationspraxis regelmäßig überdenken. Wenn Sie feststellen, dass bestimmte Techniken oder Übungen nicht die gewünschten Ergebnisse bringen oder sich nicht mehr richtig anfühlen, seien Sie offen für Veränderungen. Vielleicht entdecken Sie neue Methoden oder Ansätze, die besser zu Ihrer aktuellen Lebenssituation passen. Dieser Prozess erfordert Ehrlichkeit sich selbst gegenüber und die Bereitschaft, Experimente zu wagen und auch einmal unbekannte Pfade zu erkunden.

Der Schlüssel zu einer effektiven Anpassung Ihrer Manifestationspraxis liegt in der regelmäßigen Reflexion. Nehmen Sie sich wöchentlich oder monatlich Zeit, um Ihre Fortschritte, Herausforderungen und Veränderungen zu bewerten. Fragen Sie sich: Was funktioniert gut? Was könnte verbessert werden? Welche neuen Erkenntnisse habe ich über mich selbst und meine Wünsche gewonnen? Diese regelmäßige Selbstreflexion hilft Ihnen nicht nur, Ihre Manifestationspraxis zu verfeinern, sondern fördert auch Ihr persönliches Wachstum. Sie lernen, aufmerksamer auf Ihre inneren Impulse zu hören und diese in Ihre Praxis zu integrieren. Dieser Prozess macht Ihre Manifestationen authentischer und wirkungsvoller, da sie tiefer mit Ihrem wahren Selbst und Ihren Kernüberzeugungen verbunden sind.

Denken Sie immer daran, dass Ihre Manifestationsreise einzigartig ist und sich im Laufe der Zeit weiterentwickeln wird. Seien Sie daher flexibel und offen für Veränderungen. Vielleicht entdecken Sie neue Interessen oder Ziele, die sich in Ihrer Praxis widerspiegeln sollten. Oder Sie stellen fest, dass bestimmte Affirmationen oder Visualisierungen nicht mehr resonieren und durch neue ersetzt werden sollten. Es ist wichtig, dass Ihre Praxis mit Ihnen wächst und sich weiterentwickelt. Vertrauen Sie darauf, dass Sie die notwendigen Anpassungen vornehmen können, um Ihre Manifestationspraxis stets frisch, inspirierend und effektiv zu halten. Diese Anpassungsfähigkeit ist ein Zeichen für Ihr Engagement und Ihre Entwicklung auf dem Weg der bewussten Lebensgestaltung. Jede Veränderung, die Sie vornehmen, ist ein weiterer Schritt hin zu einer tieferen Selbstkenntnis und einer erfolgreichen Manifestation Ihrer Träume und Ziele.

Ziel erreicht …

Nach einer intensiven und erkenntnisreichen 90-Tage-Challenge steht nun der Abschluss einer spannenden Reise durch die Welt der Manifestation und des positiven Denkens bevor. Diese Reise hat tiefe Einblicke in die Funktionsweise des Gesetzes der Anziehung und die transformative Kraft positiver Gedanken und Affirmationen geboten. Von den Anfängen, in denen die Grundlagen erlernt wurden, bis hin zu den fortgeschrittenen Techniken der Achtsamkeit und der reflektierten Zielsetzung hat jede Etappe dazu beigetragen, das Verständnis für die eigene innere Kraft und das Potenzial für Wachstum zu erweitern. Die Einbindung von Vision Boards, die Optimierung des persönlichen Umfelds und die gezielte Gestaltung eines Manifestationstagebuchs waren dabei wesentliche Säulen, die eine starke Grundlage für die Umsetzung der persönlichen Ziele schufen.

Jede Woche stand unter einem anderen Fokus, sei es die Selbstliebe, der berufliche Erfolg, die Stärkung zwischenmenschlicher Beziehungen oder die Manifestation finanzieller Fülle. Diese thematische Breite ermöglichte es, ein ganzheitliches Verständnis für die Manifestation in allen Lebensbereichen zu entwickeln und praktische Methoden für deren Umsetzung zu erlernen. Durch das Festlegen von Meilensteinen und das Definieren realistischer Zwischenziele wurden die Teilnehmer angeleitet, ihre Fortschritte zu verfolgen und Erfolge bewusst zu würdigen. Die Anpassung der Manifestationspraxis basierend auf persönlichen Reflexionen erlaubt eine stetige Weiterentwicklung und Feinabstimmung der individuellen Techniken.

Nun, am Ende der 90-Tage-Challenge, ist es essentiell, den Blick auf die Zukunft zu richten und die erworbenen Fähigkeiten und Erkenntnisse weiterhin im Alltag anzuwenden. Die Reise zur Selbstverwirklichung und zum Erfolg ist ein fortwährender Prozess, der mit Neugierde, Entschlossenheit und der Bereitschaft zum lebenslangen Lernen angegangen werden sollte. Jeder Tag birgt neue Chancen und Möglichkeiten, um die eigenen Träume und Ziele zu verwirklichen. Die Teilnehmer sind ermutigt, die Kraft ihrer Gedanken und Gefühle weiterhin bewusst zu nutzen, um ihre Realität aktiv zu gestalten und ihre einzigartigen Pfade zu beschreiten. Mit den erlernten Methoden und Techniken ausgestattet, ist es nun an der Zeit, mit Mut, Zuversicht und einer positiven Einstellung den weiteren Weg zu beschreiten und die eigenen Visionen in die Realität umzusetzen.

Bonus: Affirmationen für jede Lebenslage

SELBSTLIEBE UND SELBSTAKZEPTANZ

- „Ich akzeptiere mich selbst vollkommen und bedingungslos."
- „Ich bin wertvoll und verdiene in jeder Hinsicht Liebe und Respekt."
- „Jeden Tag wächst meine Selbstliebe stärker."
- „Ich erlaube mir, meine eigenen Bedürfnisse und Wünsche zu erkennen und zu ehren."
- „Ich bin stolz auf mich selbst und all meine Errungenschaften."
- „Mein Selbstwert ist unabhängig von der Meinung anderer."
- „Ich liebe und akzeptiere jeden Teil von mir, sowohl Stärken als auch Schwächen."
- „Ich bin es wert, glücklich zu sein und Erfüllung in meinem Leben zu finden."
- „Ich vertraue auf meine Fähigkeiten und Entscheidungen."
- „Ich bin einzigartig und wertvoll, genauso, wie ich bin."

GESUNDHEIT UND WOHLBEFINDEN

- „Jeden Tag kümmere ich mich liebevoll um meinen Körper und meinen Geist."
- „Mein Körper ist stark, gesund und voller Energie."
- „Ich wähle Nahrungsmittel, die meinem Körper Wohlbefinden und Vitalität schenken."
- „Mit jedem Atemzug fühle ich mich entspannter und ausgeglichener."
- „Ich nehme mir regelmäßig Zeit für Erholung und Selbstfürsorge."
- „Meine Gedanken sind klar und ich genieße einen friedvollen Geist."
- „Körperliche Aktivität macht mir Freude und stärkt meine Gesundheit."
- „Ich schätze meinen Körper und behandle ihn mit Respekt und Fürsorge."
- „Jeden Tag verbessert sich meine Gesundheit und Vitalität."
- „Ich bin dankbar für das Wohlbefinden, das ich jeden Tag erlebe."

BERUFLICHER ERFOLG UND KARRIEREENTWICKLUNG

- „Ich bin kompetent, motiviert und erfolgreich in meiner beruflichen Laufbahn."
- „Jeden Tag trage ich mit meinem Wissen und meinen Fähigkeiten zum Erfolg meines Teams bei."
- „Ich bin offen für neue Lernmöglichkeiten und stetiges Wachstum in meiner Karriere."
- „Meine Arbeit erfüllt mich mit Zufriedenheit und Stolz."
- „Ich setze klare berufliche Ziele und arbeite fokussiert darauf hin, sie zu erreichen."

- „Ich bin ein geschätztes Mitglied meines Arbeitsumfeldes und trage aktiv zum Erfolg bei."
- „In jeder Herausforderung sehe ich eine Chance, mich weiterzuentwickeln und zu wachsen."
- „Ich kommuniziere klar und effektiv mit meinen Kollegen und Vorgesetzten."
- „Ich verdiene Anerkennung und Erfolg durch meine harte Arbeit und Hingabe."
- „Jeden Tag mache ich Fortschritte in Richtung meiner Karriereziele und genieße den Prozess."

FINANZIELLE FÜLLE UND SICHERHEIT

- „Ich öffne mich für Überfluss und Wohlstand in meinem Leben."
- „Ich handle weise und verantwortungsbewusst mit meinen finanziellen Ressourcen."
- „Jeden Tag ziehe ich finanzielle Möglichkeiten und Erfolge an."
- „Ich verdiene finanzielle Sicherheit und genieße es, meinen Wohlstand zu vergrößern."
- „Ich bin dankbar für den finanziellen Überfluss, der mir jetzt und in Zukunft zur Verfügung steht."
- „Meine finanziellen Entscheidungen bringen mir Ruhe und Zufriedenheit."
- „Ich habe das Talent und die Fähigkeit, mehr Wohlstand zu erzeugen und zu erhalten."
- „Ich bin offen für neue Wege, um finanziellen Erfolg zu erzielen."
- „Meine positive Einstellung zu Geld zieht finanziellen Reichtum in mein Leben."
- „Finanzielle Fülle fließt in mein Leben und ich teile sie großzügig mit anderen."

BEZIEHUNGEN UND SOZIALE INTERAKTIONEN

- „Ich bin umgeben von Liebe und biete sie anderen großzügig an."
- „Ich ziehe respektvolle, unterstützende und liebevolle Beziehungen in mein Leben."
- „Ich kommuniziere offen und ehrlich und schätze die Kommunikation anderer."
- „Mein Herz ist offen für neue Begegnungen und tiefgehende Verbindungen."
- „Ich erkenne und schätze die Einzigartigkeit und den Wert jeder Person in meinem Leben."
- „Ich gebe und empfange Liebe gleichermaßen und schaffe dadurch harmonische Beziehungen."
- „Ich vertraue darauf, dass meine Beziehungen zu anderen von gegenseitigem Respekt und Verständnis geprägt sind."
- „Jede Begegnung bietet mir die Möglichkeit, zu lernen, zu wachsen und zu lieben."
- „Ich pflege meine Beziehungen mit Fürsorge, Geduld und Verständnis."
- „Ich bin dankbar für die Liebe, Freundschaft und Unterstützung, die ich in meinem Leben erfahre."

PERSÖNLICHES WACHSTUM UND SELBSTENTWICKLUNG

- „Ich bin offen für neue Erfahrungen und Erkenntnisse."
- „Jeder Tag bietet mir neue Gelegenheiten, mich weiterzuentwickeln und zu wachsen."

- „Ich erkenne meine Fortschritte an und bin stolz auf meine persönliche Entwicklung."
- „Ich bin mutig und bereit, meine Komfortzone zu verlassen, um Neues zu entdecken."
- „Ich umarme Veränderungen als Chance für Wachstum und persönliche Entfaltung."
- „Ich bin dankbar für meine Fähigkeit, aus jeder Situation zu lernen und mich weiterzuentwickeln."
- „Ich bin selbstbewusst und glaube an meine Fähigkeiten, neue Herausforderungen zu meistern."
- „Meine Neugier und mein Eifer zu lernen, leiten mich auf meinem Weg der Selbstentwicklung."
- „Ich nutze meine Talente und Fähigkeiten, um das Beste aus mir herauszuholen und mich weiterzuentwickeln."
- „Ich bin offen für Kritik und Feedback, da sie mir helfen, mich zu verbessern und zu wachsen."

SPIRITUALITÄT UND INNERE RUHE

- „Ich bin in tiefer Verbindung mit meinem höheren Selbst und finde dort Frieden und Klarheit."
- „Jeden Tag finde ich Momente der Stille, die mich mit meiner spirituellen Essenz verbinden."
- „Mein Geist ist offen für tiefgreifende spirituelle Einsichten und Erleuchtungen."
- „Ich lasse Liebe und Mitgefühl zu den Grundsteinen meines spirituellen Pfades werden."
- „Ich vertraue dem Universum und akzeptiere seine Führung mit offenem Herzen."

- „In meiner inneren Stille finde ich tiefe Erkenntnisse und spirituelle Weisheit."
- „Ich bin dankbar für jeden Moment, der mich meinem wahren Selbst näherbringt."
- „Ich erkenne die heilige Verbindung zwischen mir und allem, was existiert."
- „Meine spirituelle Reise bringt mich zu tieferen Ebenen des Bewusstseins und der Selbsterkenntnis."
- „Ich umarme jeden Tag als Gelegenheit, mein spirituelles Wachstum zu nähren und zu stärken."

KREATIVITÄT UND AUSDRUCK

- „Meine Kreativität fließt frei und ungehindert; ich bin eine Quelle unendlicher Inspiration."
- „Jeden Tag entdecke ich neue Wege, meine Gedanken und Ideen auszudrücken und zu teilen."
- „Ich erlaube mir, mutig und originell in meinem kreativen Ausdruck zu sein."
- „Meine Fantasie ist lebendig und lebhaft; sie führt mich zu wunderbaren und innovativen Ideen."
- „Ich vertraue meinem kreativen Instinkt und lasse meine künstlerische Vision Wirklichkeit werden."
- „Ich umarme neue Erfahrungen, die meine Kreativität stimulieren und bereichern."
- „Meine Kunst ist ein echter Ausdruck meines inneren Selbst und meiner einzigartigen Perspektive."
- „In jedem Moment bin ich fähig, Schönheit zu erschaffen und die Welt um mich herum zu bereichern."

- „Kreativität ist mein natürlicher Zustand, ich finde Freude und Erfüllung in meinem künstlerischen Schaffen."
- „Ich bin offen für neue Ideen und Ansätze, die meine Kreativität entfachen und erweitern."

FREUDE UND DANKBARKEIT

- „Ich finde jeden Tag Gründe, dankbar zu sein, und diese Dankbarkeit bereichert mein Leben."
- „Jeder Moment ist eine Gelegenheit, Freude zu empfinden und zu teilen."
- „Ich nehme die kleinen Glücksmomente des Lebens wahr und schätze sie."
- „Mein Herz ist offen für die unzähligen Freuden, die das Leben zu bieten hat."
- „Ich lebe in einem Zustand der Dankbarkeit und das bringt mir mehr Glück und Zufriedenheit."
- „Dankbarkeit ist mein täglicher Begleiter und sie lehrt mich, das Gute in allem zu sehen."
- „Ich feiere das Leben mit Freude und Dankbarkeit in meinem Herzen."
- „Die Freude anderer bereichert mein Leben und ich teile gerne meine Freude mit ihnen."
- „Ich bin dankbar für die Liebe und Schönheit, die mich umgeben."
- „Meine Dankbarkeit wächst jeden Tag und macht mein Leben reicher und erfüllter."

MUT UND ÜBERWINDUNG VON ÄNGSTEN

- „Ich habe den Mut, meine Ängste zu überwinden und mutige Schritte zu wagen."

- „Jeden Tag gewinne ich mehr Vertrauen, um Herausforderungen mutig zu begegnen."
- „Ich erkenne meine Ängste an und lasse sie hinter mir, um frei und mutig vorwärtszugehen."
- „Mut fließt durch mich, wenn ich vor schwierigen Entscheidungen stehe."
- „Ich umarme das Unbekannte mit Mut und Offenheit."
- „Mein Mut wächst mit jeder Herausforderung, die ich meistere."
- „Ich habe die Kraft, Risiken einzugehen und dabei mein volles Potential zu entfalten."
- „Ich erlaube mir, mutig zu sein und meine Träume zu verfolgen, selbst wenn es schwerfällt."
- „In mir ist ein unerschütterlicher Mut, der mich befähigt, über meine Grenzen hinauszuwachsen."
- „Ich vertraue auf meine innere Stärke, die mich mutig durch das Leben führt."

Quellen

- Bernstein, Gabrielle (2019): Super Attractor: Methods for Manifesting a Life beyond Your Wildest Dreams.
- Dispenza, Dr. Joe (2017): Becoming Supernatural: How Common People Are Doing the Uncommon.
- Franckh, Pierre (2002): Erfolgreich wünschen: 7 Regeln, wie Träume wahr werden.
- Franckh, Pierre (2005): Das Gesetz der Resonanz; Wie wir alle im Schlafreich unserer Träume kommen.
- Goddard (o. D.): Die Geheimen Lehren um ihre Realität zu Manifestieren - Seltene Konferenzen.
- Gorjinia, Alexander (2015): Gesetz der Anziehung; Wie Sie mit dem Gesetz der Anziehung Ihre Ziele erreichen.
- Grahn-Hommelsheim, Christina (2010): Manifestieren für Einsteiger: Wie Sie durch die Macht der Gedanken Ihre Ziele erreichen.
- Schäfer, Bodo (1998): Die Gesetze der Gewinner: Erfolg und ein erfülltes Leben.
- Schucman, Helen (1972): Ein Kurs in Wundern – Übungsbuch.
- Schucman, Helen (1976): Ein Kurs in Wundern – Textbuch.
- Schucman, Helen (1977): Ein Kurs in Wundern - Handbuch für Lehrer.
- Tara, Swart (2020). The Secret of the Universe, the Science of the Braing.